Harjamäen sairaala Siilinjärvellä 1970-luvulla

# Muistelmia lapsuudesta vanhuuteen

## Monivaiheinen elämäni

Salme Räsänen

Kustantaja: BoD – Books on Demand, Helsinki, Suomi

Valmistaja: BoD – Books on Demand, Norderstedt, Saksa

ISBN: 978-952-800-669-5

# Lukijalle

Sukupolvet vuosisatojen takaa elävät ja vaikuttavat minussa. En tunne heidän tarinaansa. Eletty elämä 80-vuoden kokemuksella antaa läpileikkauksen lähisuvun kohtaloihin, valintoihin ja luonteeni muovautumiseen.

Päällimmäisenä nousee esille kiitollisuus siitä, että minusta tuli minä.

Muistelmani on kunnianosoitus sitkeille, osaaville, uhrautuville sukuni ihmisille. Pisara heistä on osa minua ja jatkuu lapsissani, lapsenlapsissani jne.

Kirjan lopussa on liitteenä kuvaus työhistoriastani Harjamäen sairaalassa. Osia siitä on julkaistu aikaisemmin kirjassa Harjamäki muistoissamme.

Siilinjärven palvelukeskus Akuliinassa 1.11.2018
Salme Räsänen

Salmen jutut.

Kirjoittelen omaa elämäkertaani.

# Lapsuus

Omakuva 2017

Olen Salme Sinikka Räsänen o.s. Montonen, syntynyt 31.3. 1937 Ristiinassa. Äidillä ja isällä oli siellä harmaa omakotitalo.

Vanhempieni omakotitalo Ristiinassa

Äiti on kertonut, että opin 9 kk:n ikäisenä kävelemään juoksu-vauhtia. Äiti joutui joskus jättämään minut yksin piipahtaes-saan asioilla. Kerran olin tyhjentänyt pönttöuunista tuhkaa lattialle ja arvatkaa missä siivossa olin ja myös juuri siivottu huone! Onneksi tuhka oli jäähtynyttä. Kerran äiti oli katsonut ensin ikkunasta, mitä tyttö nyt on saanut aikaiseksi. Olin sillä kertaa istunut lattialla ja nyppinyt joltain hyönteiseltä jäseniä irti.

Sillä kylällä asui opettaja Valve, jolla oli Salme-niminen tytär. Sen mukaan minä sain etunimeni. Tapasin toimittaja Salme Valveen Porvoossa, ollessani siellä Porvoon Naisopistossa ja Lukiossa. Otin häneltä saksankielen tunteja.

Muutimme kesällä 1938 Polvijärvelle, jossa veljeni Soini Kalevi syntyi 17.9.1938. Polvijärven kotimme oli pieni maatila, jossa voimme pitää 3-4 lehmää, hevosen, sian, pari lammasta ja kanoja. Mökki oli Kylylahden kylässä metsän keskellä. -- Äiti on kertonut, että isämme oli hyvin jäntevä ja iltamissa Ristiinassa hän tanssi käsillään Säkkijärven polkkaa. Niinpä hän käsissään kannatteli minua jaloista korkealla ilmassa. Sen muistan hämärästi. Hän myös piti minua hevosen selässä val-

Minä ratsailla

7

jaiden seassa peltotöitä tehdessään kesällä1939 ja laittoi minut yksin hevosen selässä pihaan kaivolle, jossa äiti nosti minut pois hevosen selästä. Tästäkin on valokuva.

Pieni lapsi pullean hevosen selässä! Ei ihme, jos minulla on ollut hyvä tasapaino ja rakkaus hevosiin ja muihinkin eläimiin. - En muista isääni, kun hän joutui talvisotaan 30.11.1939 ja kaatui siellä 7.2.1940 Pukitsanmäen kovissa taisteluissa. Olin tokaissut jalkaa maahan iskien: "Voi voi sitä Molotohvia, kun tappoi minulta isän!".

Väinö-isä, minä ja äiti        Salme ja Soini kesällä 1939

8

Äitini solmi uuden avioliiton lapsirakkaan Ilmari Monosen kanssa heinäkuussa 1941. Hän joutui lähtemään heti jatkosotaan ja sodan pelossa ja jännityksessä varhaislapsuuteni kului. Äiti teki yksin miesten työt ja naisten työt kun ulkopuolista apua ei saatu. Äiti joutui korjaamaan lehmiaitoja, kun lehmät karkasivat metsässä naapurin maille.

Äitini ja Ilmari Mononen

Me lapset, minä 4v. Ja Soini 2,5v. olimme paljon kahdestaan. Äiti oli varoittanut mm. että tulitikkuihin ei saanut koskea, ettei syty tulipaloa. Pelkäsin pitkän aikaa isonakin tulitikkuja. Olin isosiskona veljeni vartija ja tunsin sen vastuun. Äiti joutui meidät jättämään kahdestaan asioidessaan 3,5 km:n päässä Polvijärven kirkolla. Silloin piti laittaa eteisen ovi ruokkiin eli säppiin eikä ovea saanut avata muille kuin äidille. Meitä pelotti kovasti ja äitiä myös jättää meidät kahdestaan. Usein oli ilmahälytyksiä kirkolla ja äiti oli hädissään meistä. Me kulutimme aikaamme tuvan ikkunan ääressä laskien, että nyt on äiti siinä ja siinä kohtaa menossa tai tulossa. Siihen aikaan kulki myös mustalaisia ja niitäkin pelkäsimme. Onneksi ei mitään sattunut.

Talvella 1944 minä putosin vinttikaivoon, kun keksimme kiikkua riu,ussa, josta oli kappa eli sankko poissa. Minä kiikutin veljeäni ensin kulmittain ohjaten kädelläni ettei veli putoa kaivoon. Kun minun vuoroni tuli otin vauhtia avonaisen kaivon suun yli ja hupsista putosin suoraan kaivoon. Vesi pomputti minut ylöspäin ja refleksinomaisesti nostin kyynärpäät avannon reunalle ja huusin veljelleni: "Soini, mene kiireesti sanomaan äidille, Salme putosi kaivoon!" Sitä toistin monta kertaa. Samanaikaisesti yritin ponnistaa itseäni avannon reunalle istumaan. Kolmannella yrityksellä se onnistui. Ajattelin, että jos nyt en pääse, niin en sitten yritäkään. Kuulin kun äiti huusi sisarelleen, että tuo hiilikoukku. Äiti tuli kaivolle itku kurkussa ja hädissään kysyi: " Missä se Salme on?" Hämmästys oli suuri, kun vastasin, että täällä! Äiti sai nostettua minut kurkotettuaan ottamaan ojennetusta kädestäni kiinni. Se oli ihmepelastuminen! Muistan tapahtuneen hyvin elävästi. Oli pyhäpäivä ja minulla äidin ompelema kaunis mekko ja paksu talvitakki päällä. Minulle vaihdettiin kuivat vaatteet ja nostettiin lämpimän uunin päälle, etten vilustuisi. Veljeni istui järkyttyneenä tuvan pöydän ääressä eikä saanut sanaakaan suustaan. Hän oli 5-vuotias ja minä 7-vuotias.

Samana keväänä sairastuin kurkkumätään ja jouduin Horsmanahon kansakoululle kulkutautisairaalaan. Siellä oli vain poikia ja minua nolotti olla yksin tyttönä. Se oli rankka kokemus. Vieraat saivat käydä ikkunan takaa katsomassa. Oli kova ikävä kotiin.

Äiti oli paras turvamme sota-aikana. Yritin osaltani auttaa äitiä mm. luuttuamalla lattioita ja tiskaamalla astioita. Äiti lauloi usein mm. "Tula tullallaa posket pullallaa on tällä tyttö (poika)-kullalla. Tule ovesta älä nurkista älä sinä päälleni kurkista. Tule illalla ole tallella , saat nukkua mun käsivarrella."

Heräsimme usein aamulla separaattorin hyrinään ja silloin tuli kiire kahvikupin kanssa ottamaan lämmintä maitoa. Soini halusi kurrituutista juoda maitoparran saadakseen ja minä taas kermatuutista. Äiti otti meidät aina lämpimästi vastaan kaulasta puristaen. Sieltähän ne minun paitaressut tulevat! -Ilmari-isämme kirjeistä äiti luki meitä koskevia kohtia ääneen. Eräässä kirjeessä hän mainitsi Salmelle tehneensä sukset ja sauvat, jotka oli koristeltu polttamalla pilkkuja pitkin sauvan vartta. Ne olivat tosi hienot. Isä oli nikkaroinut kaikenlaista asemasota-aikaan. Vuonna 1943 isä oli haavoittunut pahasti miinakenttää purkaessaan. Varoittaessaan toisia miinoista, oli hän itse kävellyt miinaan sillä seurauksella että molemmat jalat menivät poikki. Ihmeesti isä siitä selvisi ja jalat saatiin liitettyä yhteen. Hänelle jäi muistoksi 70 sirpaletta jalkoihin, jotka kuultivat sinisinä ihon läpi. Isä menetti myös kiharan tukkansa kovan kuumeen seurauksena. Isää hoidettiin useassa sairaalassa ja viimeksi Joensuussa. Vielä haavoittumisensa jälkeen hän joutui rintamalle. - Sodan jälkeen isä kärsi pahoista painajaisunista ja kädet ja jalat puutuivat. Usein yöllä jouduimme häntä hieromaan, kun heräsimme huutoon.

Mainittakoon, että äiti oli vasta 19-vuotias, kun minä synnyin. Hän oli aika suuren talon tytär kuusilapsisesta perheestä Hirvensalmelta ja tottunut tekemään maataloustöitä. Äiti usein harmitteli, kun hän oli jäänyt 5-vuotiaaksi hänen äitinsä kuollessa nuorimman sisarensa, Eevan, lapsivuoteeseen. Oma äiti ei ollut häntä opastamassa ja pakottamassa mm. oppikouluun Mikkeliin. Äiti oli käynyt Hartolan kotitalouskoulun ja oli hyvä tekemään ruokaa ja käsitöitä. Hän kutoi, neuloi, ompeli meille lapsille aikuisten vanhoista vaatteista päällemme sopivat vaatteet. Hän virkkasi ikkunaverhot, liinat ym. Ihmettelin näin jälkeenpäin miten äiti näki tehdä käsitöitä sota-ajan huonossa valaistuksessa. Polvijärvellä hän kasvatti pellavaa. Muistan miten hän kuivatti liotetut pellavat pikkupellolla, loukutti ne ja jossakin niistä kehrättiin lankaa. Myös kessua äiti kasvatti sota-aikana myyntiin.

# Äidin lapsuuden kodista

Äidin lapsuudenkoti Tervala Hirvensalmella

12

Äidin äiti Hilja os. Pynnönen
ja isä Wille Karjalainen

Äidin isä Wille Karjalainen oli kauppias. Kun maanviljelijät toivat kauppaan ruista myyntiin ja saivat siitä hyvän hinnan, arveli pappa, että maanviljelys on kannattavampaa kuin kauppiaana olo. Niinpä hän osti Tervala-nimisen talon Hirvensalmen Kuitulasta ja ryhtyi maanviljelijäksi. Myöhemmin hän osti toisen maatilan, Härkäpää-nimisen talon Mikkelin maalaiskunnasta, Heinälahden kylästä, jota myöhemmin isännöi hänen Leo-niminen poikansa.

Tervalaa asutti hänen vanhenpi Erkki- poikansa perheineen. Siis äidin vanhin veli ja paikka oli myös äidin syntymäkoti. Tervalasta tuli meille lapsille, Soinille ja minulle tärkeä kyläpaikka. Enoni toimi jossain vaiheessa kunnan kirjurina eli sihteerinä. Hän oli kylällään arvostettu henkilö, jota yleensä kunnioitettiin. Tervala oli kuuluisa suurista perhejuhlista ruokapitoineen ja tansseineen. Juhlia varten he tekivät sahtia, naisille makeaa ja miehille väkevää sahtia. - Kun kävimme Polvijärveltä käsin vierailuilla, meille tarjoiltiin ruoka erikseen ruokasalissa. Se oli meistä hienoa. Serkut: Aune, Kauko, Eila, Eeva ja Liisa ovat edelleen rakkaina serkkuina mielessä. Mikkelistä tuli rakas kaupunki, josta aina vaihdoimme Hirvensalmelle menevään linja-autoon. Sinne on edelleen kaukokaipuu. Myöhemmin kuljimme jo omilla autoilla, mutta muistot elävät.

Toinen tärkeä kyläpaikka oli äidin vanhemman sisaren, Elvi-tädin Kuusela niminen talo Hirvensalmen Tuukkalan kylässä. Elvi-tädillä oli neljä poikaa, mutta se ei leikeissämme haitannut. Erikoisesti jäi mieleeni Pertti-niminen serkku, jolla todettiin jo 5-vuotiaana syöpä silmässä. Elvi-täti käytti Perttiä monet kerrat silmälääkärissä Lahdessa. Pertti oli hyvin vilkas poika ja kova ajamaan pyörällä, vaikka näkö oli huono. Hän oli todella mukava ja iloinen poika. Vähitellen silmä sokeutui ja myös toiseen silmään tuli syöpä. Pertti oli aina kaikissa leikeissämme mukana ja usein kannoin häntä selässä metsässä pahoissa paikoissa liikkuessamme. Pertti kuoli muistaakseni 12-vuotiaana. Sairaanhoitaja oli kirjoittanut Elvi-tädille hyvin kauniin ja lohduttavan kirjeen. - Keijo-serkku kuoli sairastettuaan diabetesta ja sydän-ja verisuonitauteja n. 60-vuotiaana. Enää on elossa Toimi-ja Oiva-serkut, joiden kanssa pidämme yhteyttä. Toimista tuli agrologi jonka vanhemmasta pojasta tuli tekniikan tohtori ja nuorempi poika jäi 2,5 vuotiaana kotinsa kohdalla auton alle. Hän vammautui pahoin, mutta pystyy asumaan itsenäisesti. Oiva asuu perheineen omakotitalossa Ylöjärvellä ja jäi nyt Tampereen tehtaalta eläkkeelle. Hän käy sieltä käsin huoltamassa syntymäkotiaan parin viikon välein.Tässäkin tulee esille se miten rakas paikka syntymäkoti voi olla!

Isämme Väinö Montonen oli sekatyömies, 7-lapsisen perheen toiseksi vanhin poika. Hän oli nuoruudessaan paljon uitto-ja metsätöissä kuin myös Ristiinan sahalla, jossa hän toimi työnjohtajana. Äiti kertoi, että isällämme oli erittäin hyvä päässä-laskutaito, hän oli nopealiikkeinen ja musikaalinen soittaen mandoliinia. Kerrotaan, että sodassa hän oli rohkea tuhoten mm. polttopulloilla vihollisen hyökkäysvaunuja. Itse hän sai surmansa konekivääripesäkkeessä Pukitsanmäellä. Todennäköisesti kaikki sisarukset olivat lahjakkaita, mutta köyhiä. Mm. Tilda-tädin opettaja olisi halunnut kouluttaa, mutta äiti oli ylpeä luonteeltaan eikä halunnut lastaan opettajan koulutettavaksi. Hänen pojistaan tuli ekonomi ja opettaja. Tuulasta sairaanhoitaja. He perustivat oman yhtyeen, jossa Tuula toimi laulusolistina. Nämä tiedot sain Marttatädiltä.

Viki-setä oli piirityönjohtaja ja kiersi tarkastusmatkoillaan laajalla alueella. Niinpä hän kävi meilläkin usein Polvijärvellä ja oli myös häissämme. Martta-täti oli minulle läheinen ja eli 94-vuotiaaksi. Vielä 92-vuotiaana hän luki paksua kirjaa Viides ratsastaja. Hän oli kova lukemaan ja matkusteli paljon miehensä kuoleman jälkeen. Hän pukeutui tyylikkäästi. Hän kävi töissä kehräämössä, jossa käsi loukkaantui pahoin. Sen jälkeen hän piti Suonenjoen asemalla kukkakioskia, josta jäi sitten eläkkeelle.

Martta-tädin mies oli veturinkuljettaja, jolla oli kaksi lasta, Maija ja Martti Hyvärinen. Maijasta tuli sairaanhoitaja ja myöhemmin kasvatustieteen maisteri. .Me olimme hyvät ystävät ja pidämme edelleen yhteyttä. Setä kuoli

15

Tilda-täti, Martta ja Ella täti edessä

sydäninfarktiin, samoin poikansa Martti.

Viki-sedällä on diplomi-insinööri poika, Kyösti, asuu nykyään Floridassa ja sairaanhoitaja tytär, Kaija, Kauniaisissa. Olen tavannut heidät Kerimäen maalaistalossa lastemme ollessa 6-,4- ja 2-vuotiaita. Kyösti-serkun

Viki-setä sylissään Kyösti ja vaimonsa sylissä Kaija

tapasin viimeksi Soini-veljeni häissä Kangasniemellä v. 1965 jonne hän tuli hienolla urheiluautollaan. Kyösti-serkku oli mm. jääpallon Suomen mestari Varkaudessa. Hän toimi matematiikan lehtorina ulkomailla ja oli isänsä mielestä "levoton" sielu, kun ei osannut mennä naimisiin. Nykyään hän on löytänyt elämänsä naisen Pariisista.

Sota-aikana piti usein peittää ikkunat, ettei vihollisen pommikoneet näe valoja. Se meitä lapsia pelotti kuten myös kummitusjutut, joista kuulimme aikuisten puhuvan. Jalat nostettiin silloin penkille.

Vielä lapsuudestani. Me Soinin kanssa olisimme halunneet uida, mutta ei ollut järveä lähellä. Niinpä me uimme pellon ojissa käsipohjaa heti kun lumet sulivat. Ja kerran kokeilimme suohaudan reunalla turpeista käsillä kiinni pitäen, että yltävätkö jalat pohjaan. Eivät yltäneet ja onneksi ote piti ja pääsimme ylös. Emme olisi osanneet uida ja jos olisimme uponneet ei kukaan olisi tiennyt mistä etsiä. Siinäkin oli varjelus.

Kerran sattui, että me löysimme veljeni kanssa pontikkapullo-kätkön takakamarin pesukomootin alla olevasta kaapista! Me aloimme maistella pontikkaa pullon korkista ja arvata saattoi, että humalaan menimme. Äiti huomasi, kun oksensin tuvan ovelta ulos ja pelästyi pahanpäiväisesti miten selviän. Veljeni istui tuvan pöydän ääressä ja takoi sormellaan pöydän reunaan: "Aimolle pitää jättää tat tat pulloa!" Oli tietysti kuullut aikuis-ten sanovan kahdesta pullosta. Soini oli kai 4-5v ja minä 2v. vanhempi. Tämä tapaus ei tullut kenenkään tietoon. Meistä kummastakaan ei tullut alkoholinkäyttäjiä.

Sodan päätyttyä äiti leipoi viikonlopuiksi kaksi täytekakkua toisen lauantaiksi ja toisen sunnuntaiksi vierasvaraksi. Lauan-tain kakku jaettiin neljään osaan jotka syötiin saunan jälkeen. Täytteen teko jäi mieleeni. Äiti ruskisti sokerin paistinpannulla sulaksi ja kaatoi siihen pksun kerman päälle. Siitä tuli sakea kinuskitäyte ja kuorrutus. Oli tosi hyvää.

Mukavana muistona on, kun sain ostaa Horsmanahon kaupasta kumipallon. Kävin asiakseen paljainjaloin 4 km:n päästä osta-massa harmaan kumipallon. Se oli juhlaa. Myös se kun sain käydä ostamassa kissanpennun. Maksoi 20 penniä ja taas tai-valsin paljain jaloin soratietä pitkin.

Oli hyvin tavallista, että me kuljimme kesäisin paljain jaloin pelloilla ja metsissä marjassa ja lehmien hakumatkoilla. Ei ih-me jos saimme ns. variksensaappaat! Ts.jalat oli täynnä pyki-miä, verisiä haavoja, joita muurahaiset, kusiaiset metsässä imeskelivät ja se kirveli kovasti. Äiti yritti jotenkin variksen-saappaita hoitaa. Myös lasinsirpaleet oli usein kohtaloni. Olin vähällä saada verenmyrkytyksen, kun puukolla kaivelivat jal-

kapöydän sisäkaaresta siruja. Kengät samoin kuin vaatetavara-
kin oli sota-aikaan kortilla ja vaikeasti saatavilla.

Kesäisin leikimme kotileikkejä. Paistoimme leipiä ja pullapit-
koja savesta ja vedestä tehdystä taikinasta. Uunina toimi aurin-
gossa ollut lämmin kivi jolle paistoksemme laitoimme. Soini
matki isäämme ajamalla partaa partavaahdon kanssa. Partasuti-
na toimi sutia muistuttava paksu pehmeä ohdake. Kokeilkaapa
tekin lapset! Navettaleikit olivat myös mukavia. Teimme ri-
suista navetan lehmille, tallin hevosille, karsinan sioille, vasi-
koille ja lampaille. Isot kuusenkävyt toimivat lehminä ja he-
vosina, männynkävyt sikoina, lepännorkot lampaina ja vasikoi-
na. Jalkoja niille laitettiin pienistä tikuista. Mielikuvitus pääsi
valloilleen. Kaikkea muutakin me keksimme.

Ohessa Ilmari-isän
sisaren, Vieno-tädin
ottama kuva. He-
vostalli taustalla,
jonka takana ulko-
huone (käymälä).
Hirsikasa on pure-
tun navetan paikalla
ja uusi rakennettu
navetta ajosiltoineen
minun oikella puo-
lellani. Hyvä kun on
tällainen kuva muis-
tona varhaislapsuu-
desta.Kuvattu 1946-
47.

Salme ja Soini Polvijärven pihamaalla

18

Sitten vielä työasiaa. Meidät lähetettiin viemään viikatteita sepälle hiottavaksi pellon pientareita ja metsäpolkuja pitkin. Matkalla saattoi olla lehmikarja ja iso sonni, jota pelkäsimme. Olimme silloin alle 10- vuotiaita. Nyt ei tulisi kuuloonkaan lähettää lapset viikateasialle. Meille oli pakko uskoa vastuuta ja me selvisimme.

Äiti lähetti minut jo varhain hoitamaan kauppa-asioita ennen kouluikää. En tuntenut vielä rahaa vaan tyhjensin kukkaron kaupan tiskille, josta myyjä sai ottaa. He oppivat jo tuntemaan minut.

 Kun sota oli loppunut kävimme äidin ja isän kanssa polkupyöräkyydillä isän sukulaisissa Polvijärven Hukkalassa n. 15 km:n päässä. Se oli mukavaa.
Ilmari-isämme teki meille puusta ulkokiikun jonka toinen tukipää oli savusaunan seinässä kiinni ja toinen pää kiinnitettynä paksuun puuhun. Se oli tosi hyvä keinu. Sillä olisi pystynyt kiikkumaan ympäri. Kerran kun kiikuin seisaallaan vauhtia ottaen tuli lehmä siihen ja istuinlauta moksahti lehmän otsaan. Minä mätkähdin mahalleni maahan ja haukoin henkeäni pitkän aikaa. En tukehtunut.
Isä oli innokas hiihdättämään minua kilpaa kansakoulussa ja voitin hiihtokilpailut.

Tulkoon vielä mainituksi minun tykästymiseni sammakoihin. Otin aina sammakon käteeni ja ihastelin sitä kädessäni laskien sen sitten nätisti maahan. Kerran sattui niityllä isän niittäessä heinää ja minun levitellessäni heiniä haravalla, että huomasin matalassa pensoittuneessa ojassa ruskean möhkäleen. Luulin

19

sitä rupisammakoksi ja olin ottamassa sitä käteeni, kun se osoittautuikin käärmeeksi. Aivan ihme, että se ei iskenyt. Huusin isälle, että täällä on käärme! Isä ei uskonut, mutta tuli kuitenkin katsomaan. Käärme mateli niitylle, pitkä kyykäärme. Isä painoi sitä viikatteen hamarapuolella maata vasten ja käski minua pitämään käärmettä tiukasti viikatteen alla sen aikaa, kun hän sai pajusta pihdin käärmeelle. Pelotti, mutta ote piti. Isä kantoi kiemurtelevan käärmeen pihaan äidille nähtäväksi ja pisti sen pulloon. Se oli kuulema silloin tapana.

Ja vielä Polvijärven muistoja. Minä olin aivan hulluna kissoihin. Niinpä minä kerran läksin jäljittämään vierasta kissaa metsään ja tavoitettuani sen aloin ottaa sitä väkisin syliini. Kissa ei pitänyt siitä, vaan kemmersi selälleen raapien ja purren oikeaan käteeni lihat tursottavan haavan! Juoksin kiireesti näyttämään kättäni äidille, joka oli puimakoneella puimassa viljaa. Äiti työnteli lihat haavan sisälle ja oli hyvillään, ettei jänne mennyt poikki. Muistoksi jäi käteeni siisti arpi. Miten ihmeessä äiti sen hoiti. Hän oli vihainen kissan jahtuusta, josta oli minua kielletty.
Mukavana muistona Polvijärveltä on kun pääsin isän kanssa aamuvarhaisella mato-ongelle Polvikosken joelle. Se oli kivikkoinen, mutkitteleva joki. Oli mukavaa hypellä kiveltä kivelle ja etsiä parhaita kalapaikkoja. Iloksseni sain kaloja. Oli kaunis aurinkoinen aamu.

# Muutto Polvijärveltä

Äidin sisarpuoli Sirkka-täti, 4-vuotias Salme, äidin äitipuoli
Sohvi, äidin isä ja äidin velipuoli Leo

Sitten kevättalvella 1949 Polvijärven koti pantiin myyntiin. Oli
rakennettu sitä ennen laudoista kaksikerroksinen aittarakennus,
josta me lapset emme olisi halunneet luopua. Mattopyykin kä-
vimme äidin ja Soinin kanssa pesemässä Polvikosken joessa.
Silloin opin uimaan. Meidän hyvät naapurimme, Mutaset asui-
vat sen joen töyräällä hyvin kauniilla paikalla. Heidän lapsensa
Paula ja Kauko olivat leikkikavereitamme, Kaukon ja hänen
vaimonsa Jennin kanssa pidämme vieläkin yhteyttä.

Kesällä 1949 muutettiin äidin vanhempien luokse Mikkelin Heinälahteen Härkäpää nimiseen taloon. Olin silloin 12-vuotias.

Matkanteko oli meistä lapsista jännittävää ja hauskaa. Ensin mentiin kuorma-autolla Viinijärven asemalle ja sieltä junalla "härkävaunussa" Mikkeliin ja taas kuorma-autolla Mikkelin maalaiskuntaan papan ja mamman luo. Karja oli samassa vaunussa kuin me. Äiti lypsi lehmät vaunussa. Meistä oli hauskaa katsella pakattujen pahvilaatikoiden päällä vaunun ikkunaluukuista ulos. Muistan kun Viinijärven asemalla jouduimme pitkään, monta tuntia, odottamaan junan lähtöä. Me kiertelimme asemapihalla etsien nurmikoilta mansikoita!

Vanhemmat osasivat tehdä kaiken? Kesä oli meille lapsille mukavaa aikaa. Äiti ja isä etsivät kuumeisesti uutta kotia. Ehdimme aloittaa koulun Heinälahdessa, Mikkelin maalaiskunnasssa. Sinne oli käveltävä pitkin asumatonta seutua metsäteitä pitkin. Voitin koulun juoksukilpailun ja olin hyvä oppilas opettajan mielestä. Viimeisenä koulupäivänä koulun pojat suunnittelivat meidän hakkaamistamme koulumatkalla. Saimme siitä vihiä ja pyysimme naapurimme isoa poikaa turvaksemme matkalle. Pelotti koko matkan ajan salotiellä, mutta ketään ei näkynyt.

Tässä kohtaa on mainittava, että olin kesän 1941 ollut Härkäpäässä mamman ja vaarin luona. Sieltä on hyvät muistot kotiikävää lukuunottamatta. Sain äidiltä kauniin ruusukortin, jota usein ihastelin. Mamma oli helluntailainen- äitini äitipuoli.

Mamma opetti minut käymään pyhäkoulua ja tilasi minulle Hyväpaimen lehden joka tuli vielä Polvijärvellekin.
Oli mukavaa olla mamman kanssa navettatöillä. Sain istua kelkassa, jolla mamma vei suurussankkoja lehmille. Siellä oli kaksikerroksinen luhtiaitta. Ylhäällä makuuaitat ja alhaalla vilja ja ruoka-aitta. Mammalla oli orressa reikäleivät ja muita leipiä jyvähinkalossa. Oli sitten mieliinpainuvat tuoksut! Muistan myös rakennuksen päässä olleen kellarisaunan ja senkin tuoksu on jäänyt mieleeni. - Meistä otettiin valokuva, jossa on Sirkka-täti, 4-vuotas Salme, jalat harallaan kun katsoin mallia mamman jaloista, vaari Wille ja Leo-eno. Se kuva on rakas muisto minulle. Mamma sanoi, että nyt Mikkeliä pommitetaan kun näki pommikoneiden menevän Mikkelin suuntaan. Sirkka-täti ja Leo-eno olivat mukavia minulle. Yksi ikävä muisto jäi kun minulle ei ostettu punaisia kumisaappaita. Syynä oli se kun en osannut toimittaa yhtä asiaa. En muista mikä se tehtävä oli. Ostin vasta nyt, eläkkeellä ollessani punaiset saappaat!

Uusi kotimme löytyikin Siilinjärveltä, rakentamaton paikka, 1,5 km Siilinjärven kirkolta pohjoiseen menevän rautatien varresta. Muutimme 30.9.1949. Asuimme vuokralaisina kauppias Pekka Miettisen yläkerrassa. Äidillä ja isällä oli kiire saada lehmille väliaikainen navetta ja samaan yhteyteen meille hellahuone. Se oli suuri helpotus, ettei äidin tarvinnut kulkea kolme kertaa päivässä lehmien lypsyssä ja viemässä ruokaa työmiehille. Me kävimme Soinin kanssa koulua kirkolla ja kuljimme rataa pitkin. Siihen aikaan junia kulki harvemmin ja joskus pääsimme naapurimme, ratavartija Liikan resinakyytiin.

Kerran sattui tulemaan parrakas mies hamppuköysi olallaan katsomaan mitä asukkaita pellon keskelle on ilmaantunut! Hän tarvitsi yösijaa ja äiti ja isä ottivat kulkumiehen siihen pieneen hellahuoneeseen.--Vuosien myötä hän aina sai yösijan meiltä ja totesi, että äidillä ja isällä tulee olemaan siunausta elämässään. Myöhemmin paljastui, että hänet oli haudattu Hirvensalmen hautausmaahan. Se oli äidin syntymäkunta ja äidin suku sieltä.- - Sen opimme jo lapsena, että ihmisiin on suhtauduttava kunni-oittavasti ja apua on annettava mielellään. Emmehän me lapset aina ymmärtäneet  äidin ja isän vieraanvaraisuutta, mutta ta-jusimme sitten aikanaan.

Isä oli hyvin leikkisä ja uhkasi aprillata minua. Sanoin ettei on-nistu. Meille oli hankittu koiranpentu, joka nukkui kanssamme lattialla. Yöllä isä sanoi, että tule ottamaan koira heidän vieres-tään pois tai muuten hän viskaa sen. Minä pimeässä haroin ja etsin koiraa enkä löytänyt. Isä sanoi, että se oli nyt sitä aprillia!

Äidillä ja isällä oli paljon töitä. He rakensivat seuraavan hella-huoneen hirrestä josta piti tulla myöhemmin sauna ja sen jat-koksi halkoliiterin, vilja-aitan, kaksi vaateaittaa ja päätyyn ik-kunallisen huoneen. Sementti oli siihen aikaan tiukassa, mutta Ilmari isämme oli kauppamies ja niinpä hän rakennutti Aimo veljellään mökin radan taakse vuokralaisia varten. Heistä, asukkaista, tuli hyvät ystävät meille.-- Samoin kuin 0,5 km:n päässä asuvista Hannes ja Salli Väänäsestä. He tarjosivat joka lauantai saunan ja pyykinpesumahdollisuuden. Se oli korvaa-maton hyvä teko heiltä. Pian isä rakensi oman väliaikaisen sau-nan ja kaivon.

Minä kävin jo oppikoulua 1950. Olin oppikoulun ensimäisellä luokalla (13-vuotias), kun isä saattoi minut suksien kanssa Pol-vijärvelle menevään postiautoon. Jäin Kylylahdessa pois ja hiihdin siitä entiseen kotiimme vanhan lapsettoman pariskunnan luokse. He olivat tulostani hyvin ilahtuneita ja minä päästessäni entiseen kotiini käymään. Kävin sieltä käsin suksilla isäni sukulaisissa. Se oli jännittävää kulkea yksin harvaan asutulla alueella. Oli sovittu missä autossa tulen takaisin Siilinjärvelle.

Koulu alkoi iltapäivällä kansakoulun jälkeen. Äiti sairastui vakavasti kuumeeseen, jota kesti ainakin viikon v.1951. Meillä oli silloin 8 lehmää. Minä jouduin koulun jälkeen lypsämään lehmät. Naapurin rouva opetteli myös lypsämään ja tuli auttamaan. Minulla oli koulun jälkeen heikko olo, kun en koulun jälkeen ehtinyt syödä ja viimeistä lehmää lypsäessä jalat vapisi niin, että maito oli läikkyä yli sangon reunan yli.

Vanhempani uskoivat hoitooni koko huushollin matkustaessaan viikoksi äidin sukulaisiin Hirvensalmelle. Asuimme silloin vielä aitan päätyrakennuksessa ja ikkunallisessa aitassa oli vuokralaiset. Aimo-setä rakensi meille vuokramökkiä radan taakse ja hänelle laitoin ruokaa. Hän ihmetteli miten topakka tyttö olin. Oli lypsettävä 8 lehmää, vietävä maitotonkat käsikärrillä 1km:n päähän maantien varteen maitolaiturille. Oli jaksettava nostaa tonkat laiturille. Minusta oli mukavaa tehdä itsenäisesti töitä. Ei ollut sähköä ja pesuvedet lämmitin puuhellalla. Tämä taisi olla v. 1952. Olin 15-vuotias. Vuokralaiselta kysyin perunalaatikon teko-ohjeen. Muuta apua en tarvinnut.

Pyylammilla oli ikäisiämme nuoria paljon, tyttöjä ja poikia. Pelasimme rautatien varressa lentopalloa ja kiikuimme isossa kiikussa. Kerran sattui koukku pääsemään irti ylhäältä ja me naapurin tytön kanssa putosimme maahan sahajauhokasaan.

Minä olin vähällä iskeä pääni tukipylväseen. Olin vähän aikaa ollut äänetön. Tuntui, että kieli ei sovi suuhun. Kiikkuminen loppui siihen paikkaan. Jalkani lonkan seudusta oli hyvin kipeä. Kiipesimme jyrkän ratapenkan päälle ja rataa pitkin kotiin aittaan nukkumaan. Aamulla äiti herätti minut viiden akaan lypsylle. Tunnustelin jalkaani, että pystynkö kävelemään. Sitten vihdoin uskalsin kertoa äidille kiikusta putoamisen.

Talvella laskimme saman porukan kanssa paperisäkeillä mäkeä. Säkit oli täytetty pehkuilla ja ne luisti hyvin. Saman säkin päälle mahtui kaksi istumaan. Se oli tosi hauskaa kyytiä.

Minä halusin tehdä hevostöitä. Sain valjastaa hevosen milloin hankmon, jyrän tai haravakoneen eteen, sain myös ajaa heiniä latoon. Veljeni kanssa me saimme tehdä heinäseipäitä ja kairata niihin kolme reikää kuhunkin. Muuten sujui hyvin, mutta alatapin paikka jäi liian korkealle.

Olisin halunnut karjanhoitajaksi, mutta äiti sai houkuteltua pyrkimään oppikouluun. Kävin Siilinjärven keskikoulun 1950-1955. Asuinrakennus valmistui 1953 ja uusi navetta muistaakseni 1957.

Salme ja Orvokki

Minä olin keskikoulussa hyvä voimistelemaan ja urheilemaan. Numerot vaihtelivat 9-10:een. Spagaatin teko oli onnistumaisillaan kun yllättäen reisilihas revähti. Jalka oli kipeä kuukausia. En sen jälkeen yrittänyt enää spagaatia ja siihen hautautui kilpavoimistelijahaaveeni.

Uudessa asuinrakennuksessa oli minulla ja parhaalla tyttökaverillani oma huone yläkerrassa. Se oli mukavaa aikaa. Me vilkutimme sieltä ikkunasta veturinkuljettajille, jotka oppivat tuntemaan vilkuttajatytöt ja vislasivat aina lähestyessään meidän taloa. Me olimme kovia nauramaan ja tunsimme toistemme ajatuksetkin. Oli mukavaa käydä Annelin kotona yökylässä Väänälänrannalla. Keväisin me kävimme räksänpesillä. Oli jännittävää kiipeillä puissa hävittämässä pesiä ja suojella niiltä muiden lintujen munia. Nythän nekin on jo rauhoitettu! - Kerran sattui koulussa pesäpalloa pelatessamme pieni vahinko. Minä toimin syöttäjänä ja kun Annelin vuoro tuli lyödä syötin aivan väärin ja otin pallon vaistomaisesti kopiksi. Anneli löikin täysillä ja minusta tuntui, että käsivarsi lensi kentälle. Niin kova se tälli oli. Oli vahvat luut eikä murtumaa tullut, mutta käsivarsi turposi ja oli kauan kipeä. Minä en halunnut parhaalle ystävälleni väärää syöttöä!

Tiemme erosivat pitkäksi aikaa, kun minä menin Porvooseen lukioon. Olin Annelin häissä Kuopiossa 1960 ja Anneli miehensä kanssa meidän häissä 1961 päivän myöhässä! Ystävyytemme on säilynyt ja nauru on yhtä herkässä kuin silloin ennen. Nyt olemme molemmat hyvin sairaita emmekä pysty käymään toistemme luona mutta soittamaan kyllä.

27

# Nuoruus

Keskikoulun jälkeen pyrin Porvoon Naisopistoon ja Tyttölukioon lukiolinjalle erään siilinjärveläisen pankinjohtajan tyttären innoittamana. Se oli sisäoppilaitos, jossa asui opettajia aina rehtoria myöten. Säännöt olivat tiukat. Huoneissa tuli olla hiljaisuus klo 21.00 eikä sen jälkeen saanut olla ulkona ilman erikoislupaa, jonka luvan vain rehtori myönsi. Opettajilla oli suuri vastuu meistä, jotka olimme ympäri Suomea.

Minulla oli valtava koti-ikävä. Huone ylimmässä kerroksessa oli nimeltään Sahara. Siinä meitä oli kolme tyttöä: Raili Inkeroisista ja Pirkko Kautto Kuusamosta ja minä Salme Siilinjärveltä. Olihan siinä meillä opettelemista uusiin oloihin ja tapoihin. Puhelimia ei ollut, paitsi Naisopiston oma puhelin.

Me jokainen oppilas jouduimme vuorollaan päivystämään puhelinta vastaamalla soittoihin ja yhdistämään puhelut erilliseen puhelinkoppiin. Alkuun oli hyvin jännittävää opetella ylipäänsä puhelimen käyttö. Kotona ei ollut puhelinta, joten kirjeenvaihto oli vilkasta ja äiti lähetti leivonnaisia tiuhaan tahtiin niin, että painoni nousi ainakin 10 kiloa. Matkustin ensimmäiselle lomalle vasta jouluksi, kun ei ollut varaa matkustaa. Itse jouduimme pesemään ja silittämään vaatteemme ja siivoamaan huoneemme. Siivouksen jälkeen palkitsimme itseämme lakritsatehtaalla käynnillä. Tuore laku oli todella hyvää. Iltaisin kävelimme kaupungilla ja ympäristössä mm. Sikosaaressa ja Näsinmäellä - mahtavia paikkoja! Sisäoppilaitos oli turvallinen paikka itsenäistymiselle, minulle hyvin tarpeen.

Koulussa opetettiin hyvää käytöstä. Alakerrassa oli ruokasali ja opetuskeittiö ,jossa valmistettiin ns. "nunnaleipää". Se oli rukiista tehtyä sitkeää ja kovaa leipää, todella hyvää.

Heti kun rehtori oli ruokarukouksen lukenut oli leipälautanen tyhjä. Me jokainen jouduimme vuorollaan tarjoilemaan ruo'at pöytiin. Eniten jännitti opettajien pöytiin tarjoilu. Se kaikki oli hyvää harjoitusta. Meillähän oli koko lukion ajan kotitaloutta ja käsitöitä. Teimme mm. itsellemme kaavat, joten osasin ommella kotona itselleni leningin ja kuositella siihen kauluksen.
Meillä oli vapaa-ajan harrastuksena ystäväpäivätoimintaa. Meille halukkaille oli jaettu vanhuksia joiden luona kävimme keskustelemassa ja tekemässä pikkupalveluksia, veimme myös kahvia. Se oli säännöllistä toimintaa. Meidän vanhuksemme asuivat vanhassa rakennuksessa tuomiokirkon lähellä. Osallistuin myös kuorolauluun ja esiinnymme Porvoon tuomiokirkossa. Meidän uskonnonopettajamme, teologi Veikko Lehtinen, opetti myös latinankielisiä lauluja. Minä lauloin alttoa. Osallistuimme myös raamattupiiriin. Varpaisjärveläinen Maiju Väänänen kuulutti aina:"Häkkiselle lähtijät". Meitä oli n. 7 tyttöä.

Olin tutustunut joululomalla tulevaan mieheeni Pekka Räsäseen, joka kävi naisopistossa ollessaan Anjalassa isäntäkurssilla. Hän osallistui myös penkkareihin keväällä 1958.

Penkkarit olivat Jaalassa naisopistokaverimme Tuula Ilonojan kotona, kartanossa. Parhaalla tyttökaverillani, Irja Mattilalla oli saksalainen poikakaveri, joka oli myös penkkareissa. He olivat menneet myöhemmin naimisiin ja Irja muuttanut Saksaan. Hänen tiimoiltaan meillä oli monta hauskaa ja jännittävää tilannetta Naisopistossa opettajien tietämättä. Oli myös jännittävää tehdä iltaisin salaa käsityörästejä klo 21.00 jälkeen, jolloin ei saanut pitää valoja huoneissa. Me kekseliäät tytöt verhosimme peitteillä kerrossängyn ja pienen lukuvalon valossa teimme käsitöitä. Jännitimme joka kerta kun valvovan opettajan askeleet kuuluivat käytävässä.

Meillä oli omat tyttöporukkamme aina viikonloppuisin, kun emme päässeet lomille pitkien matkojen vuoksi. Silloin opin ensimmäistä kertaa leipäjuuston makuun. Kuusamolaiset tytöt saivat kotoaan paketissa ja lomilla käydessään leipäjuustoa Kerran me yritimme pelata spiritismiä yhden tytön kanssa. Hän oli tehnyt spiritismiä varten paperin valmiiksi pöytäliinan alle ja kutsui minut. Kuinka ollakaan sattui huoneeseen tulemaan rehtori Hanna Palmroth ja istahti pöydän ääreen. Hän alkoi pyöritellä liinaa ja totesi miten tämä liina on näin vinossa. Onneksi ei liinan alta paljastunut spiritismipaperi. Kun rehtori poistui emme kokeilleet spiritismiä. Se oli hyvä säikäytys meille. Moni meistä sairastui aasialaiseen, myös minä toikkaroin kovassa kuumeessa wc: hen. Yksi tyttö oli siihen vähällä kuolla.

Yo-kirjoitukset olivat keväällä 1958. Ne jännittivät meitä jokaista etukäteen aivan hirveästi. Pulpetit oli järjestetty kauas toisistaan ja muistaakseni istumapaikat arvottiin. Jos oli asiaa wc:hen oli noustava seisomaan ja opettaja vei pimeään vessaan.

30

Ylioppilaskuva 1958

Ensimmäisenä oli ainekirjoitus. Kaiken järjen mukaan minun piti siinä onnistua, mutta toisin kävi. Olin kirjoittanut puolet ajasta jostakin luonnontieteellisestä aineesta ja kun en keksinyt sille sopivaa otsikkoa päätin vaihtaa aiheen "Sanomalehti ajan kuvastimena" .Hätäpäissäni kirjoitin asian vierestä. Olin repuistani aivan yllättynyt ja itkin katkerasti. Onneksi pääsin muista läpi ja syksyllä myös aineestani. -- Siihen aikaan sai kirjoittaa vain yhden aineen. Etukäteen oli ollut ns. preliminäärit, niissä onnistuin hyvin mikä antoi itseluottamusta.

Kävin Kuopion talouskoulun keväällä 1959 ja saman vuoden syksyllä aloitin sairaanhoitajakoulun Kuopion sairaanhoitaja-koulussa, entisessä lääninsairaalassa.

Meitä oli ensimäinen suuri ryhmä, 49 opiskelijaa. Rehtorina toimi Pirkko Martikainen, hillitty ja vaativa rehtori. Menin meidän kurssista ensimmäisenä kihloihin kesällä 1960. Minulla oli juuri päättynyt yövalvonta, kun Pekka tuli hakemaan kihlojen ostoon. Kihlajaiset pidettiin Pöljällä Kievarissa, tulevassa kodissamme. Järjestin kihlajaiskahvit myös sairaanhoito-oppilaitoksessa kurssikavereilleni, joilta sain kauniit kakkulapion ja haarukan (ovat edelleen käytössä) ja kuparisen kukka-maljakon. Pekka oli valmistunut agrologiksi Hyvinkään pien-viljelijäneuvojaopistosta ja oli töissä Karttulassa maatalous-neuvojana.

Pekalla oli uusi Trabant-merkkinen auto. Se oli kaunis kuin kevätperhonen. Pekka vei minut Kuopion auto-opistoon sh-koulussa ollessani ja hyvä kun tuli autokoulu silloin käytyä.

Sairaanhoitajakoulussa pidin kaikista hoitoalueista, mutta kirurgia kiinnosti eniten. Pekan kanssa suunnittelimme, että asumme Kievarissa ja haen sairaanhoitajaksi Harjamäen sairaalaan, jossa olin ollut harjoittelijana 7 viikkoa ennen kouluun menoa. Psykiatrinen sairaanhoito kiinnosti myös.

Meidät oli vihitty 5.8.1961. Häät pidettiin Kievarissa lauantaina ja maanantaina alkoi Harjamäellä psykiatrisen sairaanhoidon käytännön opiskelujakso-2kk. Keuhkosairauksien käytännön jakso muistaakseni 2kk, opiskeltiin Siilinjärvellä Tarinaharjun parantolassa. Sieltä jäi erikoisesti mieleen pitkät neulat, joilla lääke tuli pistään aivan luun viereen. Se jännitti joka kerran, mutta mitään haaveria ei sattunut. Meidän oppilaiden tehtävänä oli teroittaa pestyt neulat ja myös keittää ne omassa katti-

Hääkuva

lassaan! Tarinaharjun jaksolla sattui Kuuban kriisi ja jännitimme sitä kovasti. Jälkeenpäin kuultiin, että sodan syttyminen oli vain viiden minuutin päässä.

Valmistuin sairaanhoitajaksi 15.2.1962 ja Pekka oli mukana valmistujaisjuhlissa - ainoa aviomies koko kurssilla. -- Työt aloitin Harjamäen sairaalassa 1.3.1962 assistenttihoitaja-nimikkeellä. Tästä työssäoloajasta ja opiskelustani olen kirjoittanut erillisen jutun ja osan siitä Harjamäki muistoissamme-kirjaan.

## Emäntänä kievarissa

Kävin töissä Harjamäen sairaalassa, mutta hoidin samalla miniänä emännän tehtäviä. Minulla oli hyvä ja ymmärtäväinen anoppi, joka oli elämässään kovia kokenut.

Appivanhemmat olivat ostaneet Kievarin talvella 1951 tulipalon jälkeen. Entisessä kodissa oli toiminut myös kansakoulu. Heiltä oli palanut koti Saarikylän Vikinsaaressa lähes irtaimistoineen ja edellinen asuinrakennus 1941, sekin mitättömin vakuutuskorvauksin.

Vuonna 1937 marraskuun 25. päivänä heidän kaksi lastaan hukkui syysmyrskyssä koulumatkalla kuuden muun koululaisen kanssa. Se oli koko Suomea järkyttänyt tapaus. -- Sitä ennen oli 1,5 -vuotias poikalapsi kuollut jäykkäkouristukseen ja ensimmäiset kaksoslapset kuolivat pian syntymän jälkeen, kun saaresta laivalla juuri ja juuri ehtivät Kuopion satamaan ja siitä vossikkakyydillä Kuopion lääninsairaalaan synnyttämään. Kaikki nämä tapahtumat pakottivat heidät muuttamaan pois saaresta. Anoppi oli uskovainen ihminen ja hän koki, että se oli Jumalan lähtökäsky muuttaa pois saaresta - erittäin kauniista pihapiiristä ja tuhoutuneesta keskuslämmityskodista. Hän ei ollut kohtalolleen katkera, mutta suri lapsiaan elämänsä loppuun asti.--Puutarhan hoito, puheitten kirjoittaminen ja pitäminen eri tilaisuuksissa oli hänelle henkireikä. - Ihailin hänen tarmokkuuttaan.

Kievari oli iso talo. Siinä oli viisi isoa huonetta ja yläkerrassa yksi huone. Talo lämpisi puilla. Vesi tuli keittiöön ja karjakeittiöön. Viemäriä ei ollut, joten likavedet oli kannettava ulos kaatopaikalle. Sähkövalot oli, mutta ei mitään sähkökojeita. Maidot jäähdytettiin järvenjäästä nostetuilla jäillä. Ne säilytettiin sahajauhokasassa ja pilkottiin sopiviksi paloiksi maitohuoneen vesisäiliöön, johon maitotonkat upotettiin jäähtymään meijeriin vientiä varten. Ruokien säilyttämistä varten oli ulkona oleva kellari ja verannan lattian alla kylmä lokero (pikakellari).

Mainittakoon, että maito pysyi ensimäisessä luokassa. Asistentti kävi kerran kuukaudessa mittaamassa rasvaprosentit ja tarkistamassa maidon puhtauden. Hän oli talossa yötä seuraten aamu-ja iltalypsyn.

Siihen aikaan Kievari toimi äänestyspaikkana ja emäntä tarjosi vaalivirkailijoille kahvit. Myös pienoisrtg-kuvaus tapahtui Kievarin isossa lämpimässä tuvassa jne. Nämä käytännöt siirrettiin ennen Timon syntymää Pöljän maamiesseurantalolle, joka piti tilaisuuksia varten lämmittää.

Vanhin poikamme, Timo, syntyi 9.4.1963. Se oli elämäni onnellisin hetki ja myös lähisuvulle. Anoppini oli ostanut kauniin Annansilmän huoneemme pöydälle. Se ilahdutti minua kovin.

Timo syntyi kaksi viikkoa etuajassa painaen 2,9kg ja pituutta oli 49cm. Hyvänä syömärinä hänestä kehittyi jäntevä, ruskea-silmäinen hurmuri.

Töihin palasin kahden kuukauden kuluttua( 1kk äl,1kk vl). Keitin vedellä laimennetun lehmänmaidon ja pullotin ne keitettyihin lasipulloihin (silloin ei ollut muovipulloja), tutitkin piti keittää omassa kattilassaan. Naapurin tyttö kävi Timoa hoitamassa turvanaan mieheni ja appivanhemmat. Timon vartuttua omat vanhempani auttoivat Timon hoidossa.

Töissä kävin mieheni Pekan Trabant-merkkisellä autolla. Siinä piti vaihtaa vaihteet välikaasulla. Pakkasaamuina irrotin töihin mentyä akun ja kannoin miestalon (vihreä) rakennus, alakerran pukuhuoneeseen ja töistä lähdettyäni ruuvasin akun paikoilleen.

Sillä autolla ajaessani sattui monta haaveria. Kerran petti jarrut ja ratti irtosi työpaikan parkkipaikalle kääntyessäni. Nostelin ihmeissäni rattia, joka oli aivan juuresta irti! Soitin miehelleni, joka haki auton korjaamolle. Kerran taas pimeällä kotiin mennessä valot sammui yks'kaks. Oli onneksi kuutamo. Sain valot toimimaan.

Pelottavin tilanne sattui kerran töistä lähtiessäni. Käynnistin auton normaalisti, mutta se veti ihmeellisesti lievää ylämäkeä maantielle tullessa,vaikka otin jalan kaasulta. Maantielle päästyäni vaihdoin suuremmalle vaihteelle ja vauhti kiihtyi pelottavasti. Oli pakko saada auto pysähtymään ja virta sammutettua. Se ei ollut niin helppoa kuin normaalisti. Virta-avain oli jokin aika sitten katkennut virtalukkoon ja avaimen tynkä oli sylissäni. Sain vihdoin avaimen tyngän virtalukkoon ja auton joka piti kovaa ääntä ja oli savun ympäröimä, sammutettua. Kaasupoljin oli aivan veltto. Löysin lattialta ruuvin ja kokeilin sitä yhteen reikään ja ruuvasin sen paikoilleen. Se oli irronnut kaasupolki-mesta. Käynnistin auton ja pääsin onnellisesti kotiin. Siellä kuulin ensimäisen kerran kaasun hirttämisestä paikoilleen. Olin sitten myöhemminkin monilla autoilla sen asian kanssa tekemi-sissä, joten osasin toimia oikein. Myöhemmin oli käytössäni Neccar, Fiat 600x2 ja Opel kadet, Saab combi coupe, camry, ja pikku Mersedes.

Minä ja Trabant

Erikoistuin Oulussa psykiatriseen sairaanhoitoon 1964-1965. Kävin kotona 1-2 viikon välein. Antti- poikamme syntyi elo-kuussa 1965. Kievariin laitettiin sinä kesänä keskuslämmitys jona aikana me asuimme appivanhempien luona viereisessä talossa (entinen myymälä). Pekka osti vanhemmiltaan Kievarin keväällä 1964. Pellot salaojitettiin kesällä -64.

Meillä oli onni saada hyviä kotiapulaisia, joten jatkoin työssä-käymistäni päivätyössä ja Pekka toimi Paloheimo-yhtymällä aluemyyntipäällikkönä (salaojaputket) viiden läänin alueella. Meillä oli entisen myymälän pihassa salaojaputkien käteisva-rasto, josta salaojittajat saivat käydä hakemassa tarvittavia haa-rakappaleita yms. Minä olin tavallaan sihteerinä ja kirjasin kai-ken ylös. Pekan isä hoiti myös sitä varastoa. Pekka järjesti alu-eellaan salaojapäiviä ja tuli tunnetuksi erittäin hyvänä puhujana ja markkinointimiehenä. Pääpaikka oli Riihimäellä, mutta vii-konloput hän oli kotona ja viljeli maata. Karja hävitettiin kesäl-lä 1965.-- Nuorin lapsemme, Anna, syntyi huhtikuussa 1967 vaikeuksien kautta. -- Hänestä kehittyi kaunis, lahjakas nuori nainen, joka sairastui myöhemmin synnytyksessä saamiensa komplikaatioiden vuoksi joutuen keskeyttämään lukion. Ai-kuisiällä hän kävi lukion, talouskoulun ja kauppaopiston sekä opiskeli avoimessa yliopistossa yhteiskunnallisia aineita. Hä-nellä kuten Antti-veljelläänkin on syntymästään asti ollut huo-no kuulo. Anna on hyvin sosiaalinen ja auttavainen tehden pal-jon vapaaehtoistyötä. Antti on aina sanonut, että jokaisen pitää elättää itse itsensä ja työllistää muita. Hän on ylioppilasmerko-nomi ja metsätalousyrittäjä eläen hankkimillaan ja omistamil-laan metsillä. Kuvaan sopii hyvin kanakoiraharrastus, josta hän nauttii käyden hyvien kavereiden kanssa riekkometsällä Lapis-sa. Huonon kuulon kanssa pärjäilee.

Kievarissa tapahtui rakennemuutos 1990. Viljanviljely ei enää kannattanut. Hyvät salaojitetut pellot piti istuttaa metsälle. Se oli miehelleni kova paikka. Huokailujen jälkeen hän vihdoin kysyi meiltä, lapsiltaan ja minulta suunnitelmistaan istuttaa pellot metsää kasvamaan.

Sääli se oli meistäkin luopua hyvistä pelloista. Kun ratkaisu oli tehty, huokailut loppui siihen. Peltojen metsittämisestä maksettiin silloin jonkinlaista korvausta. Mieheni teki lähes yksin n.30 ha:n istutustyöt, jota naapurin poika oli videoinut. Taimet olivat pikkutraktorin lavalla, joka pienellä vaihteella kulki ja Pekka nosteli taimet peltoon kääntäen välillä rattia oikeaan suuntaan. Se oli hänestä tehokasta työtä. Taimien määrää en muista, mutta se oli valtava määrä, jotka hän sillä tavalla istutti.-- Niin hänestä tuli sitten metsätalousyrittäjä, jonka ammattitaidon hän opetti pojilleen (puunarvioinnit ym. kasvatukseen, ostoon ja myyntiin liittyvät asiat).

Vanhimmasta pojastamme tuli maatalous-metsätieteiden maisteri, agronomi. Ajatuksissa oli myös tulla Kievariin isännäksi. Toisin kävi. Hän jäi Helsinkiin ja pääsi töihin Kemiralle kansainväliseen torjunta-ainekauppaan. venäjänkielen taitoisena hän toimi idänkaupassa myöhemmin myös muissa kansaivälisissä tehtävissä. Yaran ostettua Kemira Grow Houwn hän on toiminut mm. Itä-Euroopan johtajana ja v. 2016 lähtien Suomen ja Baltian liiketoiminnasta vastaavana kaupallisena johtajana.

Kievariin rakennettiin 1970 luvun alussa sähköllä lämpiävä rantasauna. Se ajastettiin lämpiämään asuinrakennuksen eteisestä nappia painamalla, jolloin syttyi merkkivalo. Tämä oli suuri helpotus, sillä monta kertaa esim. puintityöt loppuivat puolen yön maissa. Oli mukava mennä saunomaan ja uimaan. Sauna oli kovassa käytössä myös lasten ja heidän kavereidensa samoin kuin jalkapallokenttämme, johon kylän pojat kokoontuivat pelaamaan. Myöhemmin rakennettiin sähkösaunan viereen savusauna löylynautintoja varten. Peseytyminen tapahtui sähkösaunassa. Nämä ovat mukavina muistoina Kievarin ajalta.

Mainittakoon tässä yhteydessä uudenvuoden vastaanottajaiset, joita Elsa-Maija Juvonen ehdotti aloitettavaksi ja että paikkana olisi Kievari. No niin sitten sovittiin. Pekka sai siitä nimen Pöljän liänin muaherra. Eräs osallistuja, Tuomo Niskanen oli ollut sinä päivänä Maaningalla Sinikiven meijerin kokouksessa ja sanonut menevänsä maaherran vastaanottojuhliin. Sinä iltana paljastui, että hän tarkoitti Kievaria. Meillä vastaanotot olivat kolmena vuonna peräkkäin, kun alkuvuosina ei muille sopinut. Nämä olivat hyvin hauskoja tilaisuuksia tinanvaluineen, kahvituksineen ja ruokailuineen. Marja Linnove tulkitsi tinat. Vastaanottopaikat vaihtelivat eri kodeissa. Osanottajamäärä 30-15. Käytäntö alkoi muistaakseni 1970 ja loppui vähitellen 2010. Alkuaikana sattui ikävä tapaus. Olimme juuri aloittamassa tinanvalua, kun järven takaa loimotti tulipalo. Osa vieraista läksi palopaikalle auttamaan. Erikoisesti jäi mieleen Lassilan Marja ja Eero Linnove, karjatilalliset. Tulipalo osottautui Rietilän navettapaloksi. Apu oli tarpeen. He saivat hangesta eläimet naapurin navettaan turvaan. Sen jälkeen jatkettiin tinanvalua.

Kievarissa tehtiin 1991 iso remontti. Yläkertaan rakennettiin sauna, pesuhuone kahdella suihkulla, vc, iso pukuhuone työpöytätasoineen, vinttiaula kirjastoksi, pari makuuhuonetta ja parveke, josta kauniit näkymät Pöljän järvelle. Alakerran keittiö uusittiin kokonaan ja alakerta maalattiin (minä) ja pari kamaria tapetoitiin. Veljeni Soini Mononen toimi lattia-ja tapettimestarina.

Talosta tuli mieleiseni, kun tehtiin toiveitteni mukaan. Yläkertaan oli hyvä majoittaa vieraat.

Timon ensimäinen lapsi syntyi 1991 ja myöhemmin neljä lisää.

Olin tällöin palkattomalla virkavapaalla. Pekan kanssa kuljettiin paljon tutkimassa myytäviä metsäpalstoja ja ostettiinkin. Suurin ostos oli n. 200ha Sotkamosta. Oli mielenkiintoista kulkea vapaa-aikoina Pekan matkassa tutkimassa milloin hirvien aiheuttamia tuhoja, myyrien aiheuttamia tuhoja jne. kuusentaimien paleltumisia yms. Monenlaista metsänhoitoon liittyvää opin. Pekka oli erittäin hyvä organisoimaan. Hän mm rakennutti kaikille palstoille metsäautotiet ja ojat ympärille. Hän myös aina metsätöissä ollessaan teki nuotiot jossa paistettiin makkarat ja muutakin evästä ja juomaa oli mukana. Työnteko oli mukavaa. Kerran sattui Sotkamossa, että olin vähällä eksyä. Timo ja Pekka alkoivat sytyttää nuotiota ja minä keräsin puolukoita. Ihmettelin kun ei savunhajua tuntunut. Aloin huudella, missä te olette. Vihdoin viimein kuului kaukaa takaani huutoa. En ollut uskoa sitä , kun sen piti kuulua edestä päin. Menin sitten ääntä kohti. Paljastui, että minä olinkin mennyt metsäautotien toiselle puolelle enkä sitä muistanut. Oli hämärä tulossa ja suurella salolla oltiin!

Kaipaan edelleen näitä yhteisiä metsäreissuja!

# Pekan sattumuksia

En muista vuotta kun Kievarissa oli lautojen sahaus käynnissä. Minä laitoin työmiehille ruokaa, kun yksi miehistä tuli sanomaan, että puu sattui Pekan päähän ja Pekka makaa tajuttomana maassa. Menin heti katsomaan ja huusin jotain. Pekka heräsi siihen ja yritti nousta ylös, mutta alkoi oksentaa. Soitettiin heti ambulanssi. Korjailin Pekan asentoa pois räystästipun alta. Kävi ilmi että työmies oli ulkorakennuksen ylätasanteelta pudottanut hirren lattialle, jolloin lankku oli moksahtanut Pekan otsaan. Siitä tuli muutaman päivän sairaalareissu.

Toinen sattui 20 asteen pakkasessa. Pekka meni illalla traktoria laittamaan lämmitykseen ja samalla varmistamaan öljyn öljysäiliössä. Pekka kuitenkin liukastui ns. paannejäähän sillä seurauksella, että reisiluu murtui. Hän oli yrittänyt lähteä ryömimään, mutta ei pystynyt. Jotenkin hän pääsi seisaalleen ja piti hyppysillään pensaanoksasta kiinni. Siinä hän seisoi ja ajatteli, että kyllä se Salme tulee häntä kohta etsimään. Minä jo ihmettelin, että missä hän viipyy. Kävin yläkerran saunan panemassa läpiämään, kun kuulin yläkertaan avunhuudot. Hän sanoi, ettei pysty liikkumaan ollenkaan ja pyysi soittamaan työmiehelle, jotta kävisi tarkistamassa öljyn säiliöstä ja luetteli ohjeita sitä miestä varten. Minä kuitenkin soitin ensin ambulanssin ja vasta sitten tutun Heikin. Hän kerkisi tulla ennen ambulanssia, joten Pekka seisoi n.tunnin verran paikallaan ja antoi miehelle ohjeet. Onneksi reisiluu oli siististi halki, joten kolmella pultilla sen naulasivat.

Eräs tapahtuma oli varsin järkyttävä ja vieläkin puistattava. Pekka oli mennyt likakaivon tukosta perkaamaan. Minä huomasin keittiön ikkunasta leipoessani, että Pekka on mahallaan likakaivon reunalla hartioita myöten kaivon puolella. Hän potki siinä jaloillaan. Sitten arvasin, että nyt ei ole asiat kohdallaan ja juoksin ulos kysymään mikä hätänä. Hän sanoi, että vedä pois.

Salamana otin kaksin käsin haalareista kiinni ja sain vedettyä ylös. Se oli aivan hilkulla ettei hän pudonnut likakaivoon. Naama oli jo mustanpuhuva. Hän myönsi, ettei olisi päässyt pois.

Viimeisinä vuosina Pöljällä Pekka meni hakemaan joulukuusia - myös naapureille. Sattui heti haaveri ensimäistä kuusta kaataessa. Pekka oli nykäissyt kuusta, jolloin se yks' kaks' irtosi ja Pekka lensi istualleen jäiseen metsäautotiehen. Hän soitti minulle, ettei pääse ylös ja pyysi soittamaan siellä lähellä olevalle naapurille, joka sanoi joutuvansa pian apuun ja soittavansa ambulanssin. Hän oli auttanut Pekkaa osittain istumaan autonsa takapenkille kylmästä maasta. Silloin murtui lonkka.

Vielä sattui nilkan murtuminen ulkorappusella liukastuessa. Pekka ei halunnut lähteä lääkäriin, vaikka nilkka oli turvonnut ja musta. Soitin lääkärille, joka määräsi röntgeniin ja sitä tietä jalan kipsattavaksi. Pekka liikkui kotona viisi viikkoa pyörätuolissa. Minä käytin hänet suihkussa, jalka muovipussilla peitettynä. Oli vaikea pujotella pannuhuoneen kautta suihkukaappiin, mutta hyvin selvittiin ja jalka kipsautui hyvin. Pekka sai jo osteoporoosilääkettä.

# Kerron nyt erilaisista tapahtumista matkani varrelta.

Ylihoitajana ollessani kävin monissa koulutustilaisuuksissa. Eräs jäi erikoisesti mieleeni. Koulutus oli Jyväskylässä Laajavuoressa. En ollut sitä ennen käynyt Jyväskylässä saati sitten Laajavuoressa. Mieheni neuvoi tietä Jyväskylän keskustaan ja tarjosi omaa Saabiaan, juuri huollossa ollutta autoaan lainaksi. Huomasin heti kotoa lähtiessäni, että autossa ei ole vetoja. Olin tottunut siihen, että kaasu ja jarrut toimii hyvin. Olin ajatellut käydä Suonenjoella tarkastuttamassa auton kuntoa, mutta juuri Suonenjoen seudulla auto toimi moitteettomasti. Vähän ennen Jyväskylää läksin pitkällä suoralla ohittamaan kuorma-autoa. Tienpinta kiilti ja koko matkan ajan oli varoitettu tien liukkaudesta. Päästyäni kuorma-auton rinnalle kaasuvaijeri "hirtti" ja vauhti kiihtyi kovasti. Olin oppinut nostamaan jalalla kaasuvaijeria ,jolloin vauhti äkkiä hiljeni ja pelkäsin, että ohittamani auto tulee päälle. Kaupunkiin tullessa pelkäsin kaasun taas hirttävän, mutta onneksi ei. Tulin Laajavuoren risteykseen ja varmistin koiran ulkoiluttajalta, että meneekö tämä tie Laajavuoreen. Hän nyökkäsi, mutta jäi katsomaan perääni. Pian edessäni oli kyltti vaarallisesta noususta ja ajaminen omalla vastuulla. Ajattelin, että en ole muita huonompi kuski , kun parkkipaikka oli tyhjä. Heti alkuun oli jyrkkä nousu ja kuorma-auto hiekoittamassa tietä. Se vahvisti uskoani, että oikealla tiellä olen. Pian selvisi että mutkan takana oli pitkä nousu ja taas kaarteen takana nousu ja viimeiset metrit pääsin nippanappa nykimällä eteenpäin. Olinkin tullut hyppyrimäen telineiden juurelle! Hotelli Laajavuori näkyi mäen toisella puolella. Huokailin siinä vähän aikaa, miten pääsen viallisella autolla takaisin. Laitoin ykkösvaihteen päälle ja siksakjarrutuksella vähitellen alas. Se rinne oli jäinen ja päällä jäähilettä.

Luennot alkoi klo 9 aamulla. Olin klo 8.30 hyppyrin telineiden juurella. Huonekavrinani oli oululainen ylhoitaja jolle oli pakko kertoa seikkailuni, kun vähän väliä itsekseni nauroin. Soitin heti Jyväskylän autohuoltoon, josta auto haettiin korjaamolle ja seuraavana iltana kotiin mennessä sain auton takaisin. Vuosia sen jälkeen kävimme ystäviemme kanssa kesällä katsomassa oliko se todella paha nousu ja oli se! Saatikka sitten talvikelillä.

Minusta oli aikoinaan kehittynyt toisten mielestä hyvä autokuski. Perhehoitajana ollessani ajoin Fiat 600:lla kelirikkoisilla teillä ja talvella lumen tuiskuttamilla teillä kinosten läpi. Usein oli sh-ym opiskelijoita kyydissäni ja he ihmettelivät miten selvisin tiukoista paikoista. Lääkäritkin, jotkut olivat todenneet, että nyt on paketoiduttava Salmen kyytiin. Joissakin taloissa olivat lapion kanssa lähdössä auttamaan kun olinkin jo pihassa. Tie oli tukossa, mutta ihmeesti selvisin kinosten läpi. Olin aina liikkeellä oli keli mikä tahansa. Pelolle ei saanut antaa valtaa.

Opin myös vaihtamaan auton renkaat. Kerran oli talon pihasta lähtiessäni mennyt naula renkaaseen. Vaihdoin sen maantiellä ja vähän aikaa ajettuani oli toinen takarengas puhki. Sitten piti kutsua huoltoasemalta renkaanvaihtaja 20 km:n päästä. Autolla liikkuminen oli alkuaikoina hankalaa, kun ei ollut autotallia. Ikkunat oli usein umpijäässä jos ei muistanut peittää niitä huovilla. Saimme naapurin kylmän varastorakennuksen auton suojaksi ja vanha keittolevy lämmittämään auton öljypohjaa. Se oli hankala asettaa isomahaisena paikoilleen yöksi ja aamulla töihin lähtiessä ottaa pois. Sillä sitten sain auton käyntiin. Kerron näitä asioita siksi, että aikuiset lapseni ja lapsenlapseni tietäisivät mitä vaikeuksia ja kekseliäisyyttä on tarvittu.

# Eläkkeelle

Sairastelujen vuoksi jäin yksilölliselle varhaiseläkkeelle elokuussa 1995. Menimme yhdessä Pekan kanssa läksiäisiimme, mutta Pekka joutui lähtemään kesken juhlien sovitulle lääkärin käynnille.

Minulle oli järjestetty hauskat läksiäiset sairaalan ruokasaliin vastaanottoseremonioineen, puheineen ja vastapuheineen. Sen jälkeen minut vietiin koivuin koristellulla traktorin peräkärryssä (nimismiehen luvalla) Siilinjärven kylälle kiertoajelulle hoitajakuoron laulaessa "käyn ahon laitaa".. Matka jatkui Tarinatuvalle jatkojuhlille.(Olin käynyt kotona vaihtamassa vaatteet.) Siellä hoitajat ja lääkärit odottivat meitä peräkärryläisiä tervetulomaljojen kanssa. Hoitajat oli nähneet paljon vaivaa juhlieni eteen. Julkaisin heille kiitosrunon henkilökuntalehdessä. Juhlista jäi muistoksi monet hauskat kuvat lahjoineen.

Olin etukäteen suunnitellut, että menen ratsastamalla läksiäisiini. Mutta peruin sen suunnitelman.

Silloinen miniäni „Johanna, oli ilmoittanut minut ja itsensä Harjamäen ratsastuskurssille. Niinpä minä istuin kipeäselkäisenä 57-vuotiaana ensimäisen kerran oikeaan satulaan. Ratsu oli laitettava ratsastuskuntoon. Kaviot puhdistettava ja laitettava pintelit jalkoihin, satula selkään ja suitset päähän ohjaksineen ja itse noustava oikeaoppisesti hevosen selkään.

Kävimme kerran viikossa tunneilla. Oli 7:s ratsastustunti kun nuori opettajamme Riikka Koljonen kehotti kutakin ratsastajaa voimistelemaan laukkaavan hevosen selässä. Minulle sattui erittäin tasainen laukkaaja. Johanna piti ohjaksista kiinni kun hevonen laukkasi ympyrää ja minä voimistelin ilman satulaa selässä annettujen ohjeiden mukaan. Opettaja kehui suoritustani ja se oli yllättävän helppoa. Olisi tehnyt mieli nousta seisomaan hevosen selässä, joten en ihmettele enää sirkustemppuja. Johannalta sujui myös hyvin voimistelu samalla hevosella. Sain myöhemmin iloisen ratsastajan ruusukkeen!

Ratsastus olisi ollut hyvä harrastus, mutta jouduin lopettamaan sairastelujeni vuoksi. Olin hyvin hengästynyt ja aina hiestä märkä kun pääsin hevosen selkään ja lopulta ranteet kipeytyivät. Suosittelen ratsastusta yleensä kaikille kynnelle kykeneville.

Pääsin vapautumaan työpaineistani vasta puolen vuoden jälkeen. Aina viikonlopun jälkeen oli tunne että pitää lähteä töihin ja kuinka helpottunut olin kun ei tarvinnutkaan lähteä. Sain nukkua kaiken väsymyksen pois. Kävin usein Helsingissä auttamassa lasten hoidossa, joita oli jo kolme, Susanna, Henriikka ja Markus. Se oli mukavaa aikaa. Kuljetin heitä harrastuksissa, joita oli paljon: soittotunnit jokaisella eri aikaan, päiväkerhossa, urheilu-ja voimisteluharjoituksissa sekä kirjastossa. Ihmeesti siellä Malmilla opin ajelemaan ristiin rastiin. Myös se oli hauskaa, kun lapset viettivät aikaa Pöljällä luonamme.

Mukavan piristyksen antoi Antin ja Ullan Aaro-poika, joka oli 3-vuotias. Hän halusi viihdyttää Helsingin serkkujaan lukemalla Miina ja Manu kirjaa ulkoa sanasta sanaan. Sivuja kääntäessään hän maiskautti mukavasti suutaan. Se oli meistä suuri ihme. Äitinsä oli lukenut Aarolle kirjoja ääneen ja oppivaisena muisti kaiken sanasta sanaan ulkoa. Muutenkin Aaro oli kohtelias ja huomaavainen. Hän myös esitteli Anna-tätinsä ostamia piirrettyjä videoita. Mm. Mooses-video oli erittäin suosittu, jota he saattoivat katsoa viisikin kertaa päivässä.

Niistä ajoista on paljon valokuvia. Opetin tuntemaan mm.kasveja ja olin yllättynyt miten hyvin oppivat tunnistamaan monet kasvit. Teimme myös luontoretkiä eväitten kanssa. Myöhemmin syntyi vielä pari lasta, Marianna ja Aurora. Myös heitä kävin katsomassa heti syntymän jälkeen ja usein auttamassa lasten hoidossa. Annukka-mummo asui Malmilla ja oli erittäin tärkeä ja läheinen hoitaja jokaiselle lapselle. Meistä tuli Annukan kanssa läheiset ja tapasimme joka kerran Helsingissä käydessäni ja Annukka kävi monta kertaa Kievarissa. Hän kuoli 93-vuotiaana viimeiseen asti elämänhaluisena.

Eläkeläisenä ja jo työssäolon aikana kävin usein auttamassa omaa äitiäni ja isää. Isän muisti alkoi pettää eikä hän ilman äidin apua olisi muistanut ottaa dosetista lääkkeitään, jotka äiti oli valmiiksi jakanut. Kun huomasin äidinkin voimien ehtyvän kävin jakamassa molempien lääkkeet dosetteihin. Äidin näkö oli jo huonontunut ja sydän oli huonossa kunnossa. Niinpä minä käytin heitä molempia vuorollaan tutkimuksissa ja kauppa-asioilla. Hankin myös turvapuhelimen, kun äiti sanoi, että jos hänelle sattuisi jotain isä ei osaisi hälyttää apua. Myös siivousapu oli tarpeen. Isä oli 30 prosentin sotainvalidi ja äitikin jo huonokuntoinen niin apua saatiin. Isälle oli jo haettu hoitotukea. Mainittakoon, että kun äiti oli sairas, hänellä oli isän dosetti tyynyn päällä, josta hän huolehti isän lääkkeet. Tämä tuli ilmi kun menin katsomaan heitä. Äiti ei ollut halunnut vaivata minua. Mutta hän halusi huolehtia isästä. Lopulta saimme isälle hoitoapua arkipäivin, viikonloput hoidin minä ja yöt oli äidin varassa. Lopulta isää ei voitu jättää yksin ollenkaan äidin ollessa sairaalassa. Välillä oli mieheni yötä isän kanssa ja minä muina aikoina. Veljeni Soini kävi Järvenpäästä asti kahden viikon välein hoitamassa. Mieheni oli soittanut hänelle että et arvaa miten huonossa kunnossa Salme on. Näin vuorottelimme loppuvuodet. Se oli tiukkaa aikaa.

Meillä toimi hyvin hoitoketju: minä, Pekka, Anna, Soini ja miniäni Ulla, jotka asuivat väliaikaisesti meillä. Isällä oli hyvä huolenpito äidin ollessa sairaalassa sydänosastolla. Sitten tapahtui, kun olin yötä heidän luonaan. Isä ei illalla antanut vaihtaa yöpukua eikä suostunut hierottavaksi. Olin joka ilta rasvannut ja hieronut kummankin jalkapohjat, mutta nyt isä ei siihen suostunut. Hän oli jotenkin hilpeällä tuulella. Iltapäivällä hän söi keräämiäni vadelmia ja yöllä hän tuntui juttelevan äidin kanssa. Olin myös yöllä vaihtanut vc-reissulla kuivat alushousut. Aamulla isä tuli huoneeseeni ja tutki kirjahyllyssä olevia valokuvia. Sitten hän meni keittiön pöydän ääreen istumaan, johon äitikin tuli. Kysyin isältä että onko sinulla nälkä, johon äiti vastasi,että ainahan sillä on nälkä. Niinpä minä annoin isälle ensialkuun piirakan jota hän rupesi ahneesti syömään. Puuron keitin yleensä kahdeksan aikaan. Vein äidin vuoteeseen ja aloin kohentaa isän vuodetta, kun isä tuli ovelle ja äiti sanoi, että nyt isä tukehtuu. Isä tuli sänkynsä viereen ja minä haimlihin otteella yritin saada piirakkaa ulos. Isä lyyhistyi sängyn päälle. Soitin heti ambulanssin. He yrittivät elvyttää, mutta isä menehtyi siihen. Se oli tosi järkyttävä tianne. Äiti oli juuri päässyt Kysistä kotiin. Kuolinsyyksi paljastui aivoverenvuoto eikä piirakkaan tukehtuminen. Tämä kaikki tapahtui niin äkkiä ja arvaamatta. Olin harmitellut sitä kun en huomannut isäni ennakoivia oireita estääkseni tapahtuneen. Aimo-setäni sanoi minulle osuvasti: "Kuule, Salme, jos me tiedettäisiin kaikki etukäteen, niin mitään ei tapahtuisi". Se oli paras lohdutus.

Isä kuoli v.2000 ja äiti v.2002.

48

Äiti sai useita sydänkohtauksia joihin soitin ambulanssin ja ajoin itse omalla autolla äidin perässä sairaalaan. Olin joskus kriittisinä hetkinä yötä sydänvalvonnassa. Otin äidistä monet kuvat letkuissa muistoksi. Usein menin keskellä yötä Kysiin, kun äiti oli kaivannut minua. Hän sai silläkin kertaa ylipaineella happea. En halunnut herättää häntä vaan otin äidin käden peitteen alla käteeni. Hän heti tarttui siihen. Tunsin olevani tarpeellinen.

Kerran äiti oli tk:n vuodeosastolla hyvin sekavassa kunnossa yrittäen tulla laitojen yli. Hän oli maininnut minun nimen, joten menin heti katsomaan. Neuvottelin hoitajien kanssa äidin ottamisesta kotiin. He olivat ihmeissään, että miten pärjään. Olin tehnyt suunnitelman miten pärjäisin äidin kanssa. Oli lupa viedä äiti vaikka yöllä sairaalaan, jos en pärjäisi. Nukuin äidin vieressä ja panin tuolit äidin sängyn viereen jotta herään jos äiti lähtee sängystä. Väsytti kovasti. Soitin sitten äidin omalle lääkärille. Hän totesi että äidillä oli liian suuri annos mainittua lääkettä ja pienensi sen. Äidin sekavuustila meni ohi ja voitiin pitää äidin 85-vuotisjuhlat. Käytin sitä varten äidin kampaajalla ja sekin onnistui hyvin. Äidillä oli hyvät juhlat. Äiti kuntoutui niin hyvin, että hän kävi Helsingissä Timon neljännen lapsen ristiäisissä. Tulomatkalla poikkesimme vielä Lahdessa äidin velivainajan nuorimman tyttären, Liisan, luona. Äiti kuoli laaja-alaiseen sydäninfarktiin 28.10.2002. Lääkäri totesi, että hänellä oli ollut hyvä elämä. Siitä me pidimme veljeni kanssa huolen. Äidin kuolinhetkellä olin yksin läsnä. Se oli raskas hetki luopua äidistä lopullisesti. Veljeni tuli aamulla Järvenpäästä toteamaan tapahtuneen.

# Sattumuksia

Kerron erään tapahtuman, joka oli vähällä viedä näön/hengen minulta.

Olin jo eläkkeellä 1996 syksyllä. Minä yritin auttaa äitiäni saamaan kerroskattilaa irti toisistaan. Toin kattilan kotiini ja yritettiin mieheni kanssa yhdessä. Sitten mieheni neuvoi, että laita vähän vettä kuumenemaan vesikattilaan niin irrottaisi sen päällimmäisen kattilan. Kohta perään hän sanoi että se voi räjähtää (hän aina nauroi räjähdyspelolleni). Samassa käännyin vetämään kattilaa syrjään kun se räjähti ja ponnahti laipioon lasisen kuvun läpi. Vaistomaisesti suljin silmäni. Lasinsiruja oli joka paikka täynnä, yksinpä astiakaapissakin lautasten välissä. Minulla oli ruisleipätaikina korvossa liinan alla kohoamassa odottamassa huomista alustusta ja paistamista. Mieheni säikähti valtavasti että miten pahasti minulle kävi. Onneksi kattila ei räjähtäessään osunut leukaani. Se olisi ollut varma kuolema. Lasinsiruja tuntui olevan silmissä joita huuhtelin vedellä pois. Ajoin itse Siilinjärven terveyskeskukseen, josta lähetettiin Kysiin silmäpkl:lle. Silmässä tuntui viiltävä kipu, mutta lääkäri ei saanut sirua pois. Pääsin kotiin silmä lääkittynä ja harsolla peitettynä annetut ohjeet mukana. Mieheni oli silloin aamulla menossa metsätöihin Rautavaaralle tarkoituksena olla asuntovaunussa yötä. Olin vakuuttanut hänelle, että minulla ei ole mitään hätää, että ei tarvitse tulla yöksi kotiin.

Illalla nousin yötilalta hoitamaan silmääni, kun vessassa ollessa alkoi kuulua outoa rapinaa ulko-ovelta. Minä pelästyin, että kuka nyt pyrkii meille, kun mitään ääntä ei kuulunut. Minä livahdin Pekan toimistohuoneeseen. Rapina siirtyi makuukamarin ikkunaan ja lopulta Pekan huoneen ikkunan alle. Minä olin aivan paniikissa ja ajattelin, että jos nyt olisi haulikko niin ampuisin. Olin siinä pimeässä saanut soitettua Siilinjärvelle Pekan siskolle, että tulisivat heti Kievariin minulle avuksi. Rapisija ei koko aikana puhunut mitään. Leena tuli aikuisen poikansa kanssa ja huomasivat Pekan olevan oven takana! Kyllä meille nauru kelpasi! Pekka oli luullut että olin joutunut uudelleen sairaalaan, kun vessasta kajasti valot ja että oli tullut kiire lähtö. Minä taas luotin siihen, että hän on yön Rautavaaralla. -- Minä olin siivonnut lasinsirut joka paikasta. Alustin leipätaikinan silloin illalla sairaalasta tultua. Taikina oli kohonnut jo pitkään. Paistoin aamulla leivät, pussitin ja merkitsin että saattaa sisältää lasinsiruja.

# Sairauksistani

Olin työssä ollessani käynyt monet kerrat korkean verenpaineeni vuoksi yksityislääkärin vastaanotoilla ja hänen määräyksestään rasitusekg:ssä, jossa poljettiin kuntopyörää. Se piti aina keskeyttää verenpaineen noustessa liian korkeaksi eikä diagnoosia saatu. Olin hyvin hengästynyt rappusia noustessa ja sain lääkäriltä jotain Visken-nimistä beetasalpaajaa. Se taas vei voimat jaloista ja saattoi katkaista muistin kesken puheen. Myöhemmin lääke vaihdettiin toiseeseen lääkkeeseen ja olo kohentui. Olin hyvin kova kävelemään. Miniäni ihmetteli, kun ei tahtonut perässä pysyä. Olin jo eläkkeellä, kun sain pitkien hiihtolenkkien jälkeen yötilalla sydäninfarktin. Ihmettelin ja kääntyilin kyljeltä toiselle, mutta kipu ei hellittänyt. Nousin silittämään yo-kirjoituksiin Kuopioon lähtevälle tyttärelleni puseroa. Tunsin, että nyt minun ei ole viisasta lähteä häntä autolla viemään. Herätin miniäni ja pyysin häntä viemään tyttäreni perustellen pahoinvoinnintunteella. Silloin oli flunssaa liikkeellä! Itse jäin soittelemaan tk-een ja kun viimein sain yhteyden kehoitettiin tulemaan ambulanssilla. Minä taas vähättelin, että ei missään tapauksessa ambulanssia. Miniäni kerkesi tulla Kuopiosta, jolle sanoin, että nyt kiireesti tk-een. Alkoi jo kovasti koskea rintaan. Olin kuulema aivan harmaa kasvoiltani eikä annettu nitro sulanut kielen alla ilman vesitippaa. Sitten tunsin miten kipu yks'kaks lakkasi. Vietiin ambulanssilla Kysiin ja sain liotushoidon, todettiin, että oli ollut sydäninfarkti lievä onneksi.

Alkoi elämäntaparemontti voihin ja paksuun kermaan tottuneelle. Kolesteroli oli 8,5 ja siitä on vähitellen tähän päivään asti päästy 3,5 een. Oireilu jatkui. RR oli korkealla. Olin usein päivystyksessä tiputuksessa ja lääkärit ihmettelivät etteivät löydä syytä, kun olin vielä hyvännäköinen. Vihdoin johtava terveyskeskuslääkäri tuli paperini nähtyään katsomaan ja sanoi päivystävälle lääkärille, että minut on lähetettävä Kysiin. Siellä paljastui tehdyssä varjoainetutkimuksessa molemmat sepelvaltimot pitkältä matkalta ahtautuneiksi. Leikkaava kirurgi Ilkka Oksala tuli heti kertomaan tilanteen, että ainoa hoito on molempien sepelvaltimoiden ohitus ja että se tapahtuu heti maanantaiaamuna klo 8.00. Sopiiko? Hätäpäissäissäni sanoin, että sopii. Olin aina sanonut, että ikinä en antaisi tehdä ohitusleikkausta ja nyt niin helposti lupasin. Pelkäsin kuollakseni toimenpidettä, kun mieheni ja lapseni tulivat minua edellisenä iltana katsomaan. Leikkaus tehtiin 4.10.1999. Nukutuslääkäri kävi minua tapaamassa ja kerroin pelkääväni painajaista jota olin nähnyt nuorena paiseita humauksessa poistettaessa. Unet oli sellaisia, että minua sahattiin sirkkelisahalla punaista mattoa pitkin , joka lähestyessään minua piti kovaa ääntä ja kipu oli valtava. Lääkäri rauhoitteli ja sanoi, että mitään painajaisia ei tule. Leikkaussalissa hän istui viereeni ja sanoi, että hän vähän puuduttelee. Minähän olin simahtanut heti uneen ja heräsin kuin maan alta leikanneen kirurgin sanoihin: "Leikkaus on ohi ja onnistui hyvin". Yritin kiittää, mutta en saanut sanaa suustani. Minua yökötti ja suuta kuivasi kovasti. Ei saanut mitään juoda. Kostutettiin huulia. Ne olivat kiduttavan pitkät tunnit. Osastolle päästyäni totesin huoneessa olevan nukutusaineen huuruisia sekavia potilaita johon itsekin ensitunteina kuuluin. Oli kyllä helpottunut ja kiitollinen olo. Palkitsin leikkavan kirurgin ja tiimin jäsenet kalakukoilla, jotka entinen kotiapulaiseni Elsa Jalkala teki ja toimitti sairaalaan.(Hän teki erittäin hyviä ahvenkukkoja).

Kotiin päästyäni ulkoilin. Haava alkoi punoittaa pahaenteisesti ja kehitti nestettä. Terveyskeskuslääkäri esitti, että haava pitäisi avata ja päästää neste pois. Se tehtiinkin eikä koskenut yhtään. Minun piti suihkuttaa joka aamu 10 min. ajan kovalla paineella haavaa, peittää se steriillä harsolla ja ajaa tk:een suolaliuoshuuhtelua varten. Kraaterista paistoi rintalasta. Minun oli sukkeroitava itseni, että ei koske, ei koske kun suihkutin. Tätä vaihetta kesti monta kuukautta, kunnes kraateri meni melkein umpeen. Siinä on edelleen pieni kuoppa.

Vuonna 2008 minulle monien oireilujen ja tutkimusten jälkeen laitettiin mekaaninen aorttaläppä. Siinäkin oli ongelmia. Leikkauksen jälkeen olivat paineet romahtaneet yks'kaks. Hoitaja sanoi, että he pitivät pitkän aikaa puukkoa minun kurkun päällä, mutta onneksi saivat parilla lääkkeellä paineet kohoamaan, ettei tarvinnut avata henkireikää. Tämän toimenpiteen jälkeen minulle alkoi tulla ihmeellisiä kohtauksia. Ensimäinen kohtaus tuli lenkiltä tultua. Kaaduin yht'äkkiä lattialle lonkalleni aivan kuin näkymätön voima olisi iskenyt minut lattiaan. Muutaman päivän kuluttua sama toistui ja sitten taas tv:n edessä minut "runtattiin" lattiaan, josta hoipertelin ylös kuin vastasyntynyt vasikka. Soitin lääkärille, joka pyysi seuraavana päivänä vastaanotolle ja lähetti neurologian pkl:lle ja edelleen osastolle. Neurologi sanoi kohtausten johtuvan sydämestäni ja lähetti kotiin. En muista mitä hoidoksi määrättiin. Jossain vaiheessa kuvattiin kaulavaltimot ja todettiin vasemmassa kaulavaltimossa tiukka ahtauma ja suosittelivat leikkausta. Kävin Kysin kirurgilla, mutta kieltäydyin leikkauksesta, kun veljeni sai lievän aivoinfarktin vastaavanlaisessa leikkauksessa. Minulla oli ollut pitemmän aikaa sellaisia oireita, että sanomalehti ja yleensä tavaroita tippui käsistä. Sitten tunnistin ennakoivina oireina käsien ja jalkojen nykimiset ennen kaatumista. Opin jo vähitellen laskeutumaan nelinkontin ennen kaatumista. Välillä meni edessäni pöydät nurin ja maljakot vesineen lattialle. Kerran päätin ptää kiinni nojatuolista ja kennedytuolista, mutta niin vain kaaduin keinutuolin mukana lattialle. Ihmettelin kun neurologi kysyi aina, että näkikö kukaan kaatumistani. Meitä oli vain kaksi henkilöä isossa talossa ja mieheni tuli katsomaan heti kun huusin, että taas minä kaaduin. Olin minäkin typerä kun en vaatinut tarkempia tutkimuksia. Nämä kohtaukset yllättivät monen vuoden ajan.

Vuonna 2013 toukokuun 7 päivänä menin sovitulle diabeteshoitajan vastaanotolle. Hän pelästyi korkeata verenpainettani ja vaihtoi mittaria mutta paine oli yhtä korkea 230/130. Hän varasi ajan päivystävälle lääkärille. Välillä kävin viemässä kauppaostokset kotiin ja tulin lääkärinvastaanotolle. Paineet pysyivät korkealla ja hän lähetti minut kysiin. Siellä olin tipassa ja söin yöllä ruokaa kun käteni alkoi nytkähdellä. Huusin hoitajaa katsomaan käden nykimistä, mutta olinkin samassa pyörtynyt. Tutkimuksissa paljastui vasemman kaulavaltimon 99 prosentin ahtauma. Sama neurologi tuli sanomaan, että nyt ei voi tehdä suonen ohitusleikkausta vaan on yritettävä pelastaa aivot muuten hapen puutteelta. 10. toukokuuta 2013 kaulavaltimoon tehtiin pallolaajennus ja laitettiin verkko sen ympärille. Ylempänä ohimon seutuvilla oli vielä kaksi tiukkaa ahtaumaa ,josta toista yritettiin laajentaa, mutta sondi puhkaisi suonen ja sen seurauksena oikea puoleni halvaantui. Heräsin teholla , jossa olin 3 vuorokautta. Minua käytiin katsomassa tunnin välein, ettei mitään pahempaa sattuisi. Pystyin vastaamaan hoitajan kysymyksiin. Kädessä oli hyvä puristusvoima sitten kun pystyin puristamaan. Olin viikon neurolla ja kuntoutus aloitettiin heti osastolla. Yritin syödä, mutta välineet putosivat lattialle ja ruoka meni pitkin rinnuksia. Olin pudonnut osastolla ollessa wc:n pytyltä lattialle, jolloin minut vietiin varmuudeksi pään kuvaukseen, korvanlehteen oli tullut pieni verta vuotava haava, jota ei tarvinnut ommella. Sängyssä yritin sinnikkäästä päästä istumaan, mutta se ei onnistunut mitenkään, vaikka käsissä oli voimaa. Hoitajaopiskelijat tukivat minua hyvään asentoon monilla tyynyillä. Yöllä tuskastuin tyynyihin ja viskelin ne 6 tyynyä lattialle. Hoitaja oli sanonut tyttärelleni ,että yöllä oli ollut tyynysota!

Seuraavalla viikolla pääsin Vuorelaan Kunnonpaikkaan kuntoutukseen. Olin aivan avuton ja kuntoutus piti aloittaa miltei alusta. Fysioterapeutti keskittyi oikean jalkani kuntouttamiseen ja toimintaterapeutti oikean käteni kuntouttamiseen. Tasapaino oli aivan hukassa. Fysioterapeutti rohkaisi, että minusta saadaan vielä kävelevä ihminen, mutta arveli, että kädestä tulee ehkä apukäsi. Sanoin, että minä tarvitsen ihan oikean käden. Niin vain minä kuntouduin kolmessa viikossa ilman apuvälineitä liikkuvaksi ja käsikin toimii. Olen niin kiitollinen siitä kuntoutusjaksosta. Itsenikin piti olla aktiivinen ja harjoitella tehtäviä ja liikkeitä. Hahmotuskykykin oli nollilla ja menin aluksi fordilla oven pieliin. Vähitellen osasin rollaattorilla käydä syömässä ja kerätä ruoat lautaselle ja käyttää veistä ja haarukkaa. Siitä sain kiitosta.

Mieheni oli soittanut Akuliinan toiminnanjohtaja Leena Korhoselle tilanteestamme ja kysynyt paikan saantia. Olin jo aikaisemmin laittanut paikkahakemuksen mieheni kunnon ja oman huonon näköni vuoksi. Asunto järjestyi heti ja niin pääsimme muuttamaan 12.6.2013 pienen Lux-koiramme kanssa. Olimme toisten muuttoavun varassa. Muutossa auttoivat veljeni Soini Raija-vaimonsa kanssa, Pekan sisaren tytär Pirkko ja Pasi ja sisaren poika Ilkka Peuralahti ja meidän pitkäaikaiset siivoojamme.

Olin alussa hyvin väsynyt enkä aluksi uskaltanut hankkia omaa pyykkikonettakaan, vaikka tytär oli jo valmiiksi liikkeestä varannut. Vähitellen alkoi pyykkikonetta tehdä mieli ja veljeni kanssa kävimme koneen ostamassa. Lux- koira oli minulle hyvä kuntouttaja. Kolme kertaa päivässä kävimme lenkillä ja asukkaatkin ihastuivat Luxiin.

Asuntoon, toisen kerroksen kaksioon olen hyvin tyytyväinen. Täältä on kauniit näkymät niin Yaralle ja Kuuslahden kaivokselle kuin myös Leppäkaarteen asutusalueelle ja Siilinlahdelle.

56

Myös entinen keskikouluni näkyy ikkunaan. Parvekkeella on mukava kesäisin juoda kahvit , syödäkin ja lukea.

Lokakuussa huomasin rinnassani pari kyhmyä. Minä aamuastioita tiskatessani pyörryin lattialle, soitin ambulanssin, kun oli pahoinvointia. Minut vietiin sydänosastolle ja siellä näytin kyhmyjä lääkärille. Hän määräsi tutkimuksiin ja se osoittaui pahanlaatuiseksi kasvaimeksi. Hoitajat ihmettelivät miten minä olin niin rauhallinen. Sanoin, että kaikki on otettava vastaan mitä annetaan. Leikkaukseen pääsin marraskuussa 2013. Poistettiin koko oikea rinta ja imusolmukkeet etäpesäkkeen vuoksi. Näin leikkauksen aikana unta, että Lux valmistettiin eri huoneessa "leikkauskuntoon" ja niin se sai nukkua kainalossani koko ajan. Heräämössä se juoksenteli lattialla. Hoitajat kyselivät kuka on Lux? Vastasin, että se on minun pieni koira. Vajaan viikon kuluttua minut siirrettiin Siilinjärven tk:een, mutta samana iltana pyörryin siellä. Olin juuri sanonut eräälle tutulle, että en ole niin huono miltä näytän ja samassa olin pyörtynyt. Paljastui, että hemoglobiini oli alle 70. Sain verensiirron ja muutaman päivän kuluttua Kysin päivystykseen, jossa paljastui suuret verihyytymät jotka piti leikata pois. Siis viikon sisällä toinen leikkaus. Nyt tehtiin iso leikkaushaava, joka ommeltiin. Määrätyn ajan kuluttua ompeleet poistettiin, mutta haava aukesi n.10cm:n matkalta. Sitä piti käydä alkuun joka päivä hoidattamassa tk:ssa ja haavan reunoilta nyppiä pinseteillä katteet pois. Haava oli auki puoli vuotta! Oli vielä kuuma kesä ja minun piti pitää tiukkaa mitellavyötä rinnan ympärillä. Kun kävin suihkussa tarvitsin hoitajan apua mitellan kiinnityksessä. Oli suuri helpotus päästä kiristävästä mitellasta eroon.

Lux jouduttiin lopettamaan 10.1.2014 kun ensin meni toinen takajalka ja kolmen viikon kuluttua toinen takajalka. Oli kova isku menettää pikku Lux, minun kuntouttajani! Lääkäri sanoi, ettei voida oikeastaan mitenkään hoitaa. Lux yritti raahautua luokseni kun oli jo lääketokkurassa. Oli pakko jättää se tuhkattavaksi ja hyvästellä. Veljeni oli minua käyttämässä Kuopiossa, jonne oma Luxin lääkäri meidät lähetti. Tuntui, että Luxin henki tuli mukanamme Akuliinaan ja asui täällä pitkään. Järjestin Luxin muistotilaisuuden Akuliinan asukkaille ja siihen myös Luxin tuhkauurnakin joutui. Tuntui etten selviä surusta!

Mieheni kuoli yllättäen isoon aivoverenvuotoon 4.12.2015. Hän tuli rollaattorilla syömästä ja tietokoneelta 3.12. Sanoin hänelle, että kerkiät ottaa vielä nokoset ennenkuin siivoojat tulee. Hän kuitenkin istui nojatuoliinsa. Minä jatkoin lehden lukemista. Kohta hän sanoi: "Auta minut tästä". Huomasin, että hän oli valunut tuolilta jalat pitkälle lattialle. Siirsin jalkoja ylöspäin ja asetin vasemman käden tuolin nojalle ja oikeaa kättä nostaessani ihmettelin miten se on outo. Nostin uudelleen ja sanoin, tämähän on ihan veltto. Soitin heti hätäkeskukseen ja kerroin tilanteen. He pyysivät hakemaan hoitajaa avuksi. Hoitaja löytyi alakerrasta ja tuli viivana Pekan luokse. Minä jouduin ottamaan rintakivun vuoksi Dinit-suihkeita ,jotta pystyin auttamaan hoitajaa Pekan nostossa lattialle kylkiasentoon ja tyynyjä pään alle. Samassa tulikin ambulanssi kolmen hengen voimin. He veivät Pekan suoraan Kysiin ja soittivat heti sieltä, että on iso aivoverenvuoto. Pääsin sisarensa pojan kyydissä Kysiin katsomaan Pekkaa ja soitin lapsillemme tilanteesta. Antti poikamme tuli Riistavedeltä, mutta Timo oli työmatkalla Puolassa enkä Annaakaan saanut kiinni. Otin Pekkaa kädestä kiinni ja sanoin, että Salme tässä. Hän oli tajuton, mutta juttelin hänelle, jos hyvinkin kuulee. Hoitaja sanoi, että ennuste on hyvin huono. Pekan jalat liikkuivat, mutta sekin kuului huonoon ennusteeseen. Seuraavana aamuna kun olin menossa sisaren ja hänen poikansa kyydissä Kysiin, tuli soitto, että Pekka on nukkunut pois 11.05. Hän oli yöllä oksentanut ja saanut kipulääkkeitä, mutta tajuihinsa hän ei ollut tullut. -- Pekka oli viime vuosina puhunut, että ihminen ei tarvitsisi elää yhteiskuntaa hyödyttämättömänä, vaan nopea kuolema olisi parasta. Hänellä oli kaiken aikaa ikävä Kievariin. Internetin ja lehdistön kautta hän seurasi maailman politiikkaa ja kommentoi asioita hyvinkin kärkevästi , vanha kunnallispoliitikko kun oli.

Aloin heti aivan konemaisesti järjestellä hautajaisia. Irtisanoin lehtitilaukset, kävin Kelalla, pankissa ja vein apteekkiin Pekan lääkkeet. Anna oli suurena apuna. Timo tuli heti lauantaina 5.12. arkun ostoon ja sopimaan siunaustilaisuudesta hautaustoimiston kanssa. Muistotilaisuus haluttiin pitää Akuliinassa, jonka emäntä Elsa Jalkala oli, Kievarin entinen apulaisemme lasten ollessa pieniä. Sain hyvän toimittajan Matti Juuselan tekemään Pekasta lehtijutun ennen siunausta. Siunauksen 21.12.2015 toimitti kappalainen Satu Väätäinen ja kanttorina toimi Marjaana Kaisto. Siunaustilaisuus oli erittäin onnistunut kuin myös muistotilaisuus. Olin onnellinen, että saimme mielestämme Pekan näköiset hautajaiset lähisuvun ja ystävien kesken. Hautaustoimisto Eija Markkanen hoiti kaiken ammattitaidolla -joulukiireiden keskellä.

Minun surullani
on sinun kasvosi.
Minun ikävälläni
on sinun katseesi.

Minun kaipaukseni
pitää kädestä kiinni
Minun toivoni
lausuu sinun sanojasi.

Sinä lohdutat minua.
Vaikka olet poissa,
olet silti läsnä,
muistojeni keskus
sydämeni suola,
joka kirvelee,
mutta samalla
hoitaa ja säilyttää
sen,mikä oli tärkeää.

Hanna Ekola

Kun hautajaiset oli ohi sairastuin minä hyvin vakavasti aamu-
yöllä 31.12.2015. Olin noussut kolmen aikaan lukemaan kirjaa,
kun yht'äkkiä tuli kova kipu oikean kylkikaaren alle. Otin heti
pariin otteeseen Dinit suihketta. Ei auttanut yhtään. Soitin heti
hätäkeskukseen ja sanoin etten pysty hengittämään. Olin jo ot-
tanut kolmannen kerran dinittiä. Sanottiin, että tulevat 5 minu-
tin kuluttua. Mutta ambulanssin tulo kesti 15 min. kun tk:sta ei
heti saatu avainta. Kerkisin soittaa jo kolme kertaa, etten pysty
hengittämään. Kipu oli todella valtava.

Minua lääkittiin ja tutkittiin ennenkuin saatiin kuljetuskuntoon.
Verenpaine oli menomatkalla 250. Perillä minulle tuli horkka
niin että hampaat kalisi. Todettiin olevan verenmyrkytys ja pa-

ha sappirakon tulehdus sekä munuaisaltaan tulehdus. Sydän-filmi näytti ihan sekavalta, joten päättivät tehdä varjoainetut-kimusen. Sydämestä paljastui 90 prosentin ahtauma joka pallo-laajennettiin ja stentattiin. Samalla paljastui, että aikaisemmat laskimosiirrännäiset oli tukossa. Sydänosastolla oksensin ruo-an. Oli todellinen ihme, että selvisin hengissä. Anna ja Antti olivat hyvin huolissaan minusta. Timo oli perheineen Thai-maassa. Hänelle en antanut lupaa ilmoittaa tilanteestani. Olin todella huonossa kunnossa ja kova lääkitys päällä verenmyrky-tyksen ja muunkin sairauden vuoksi. Hikosin paljon kuumeilun vuoksi. Vähitellen sappikohtaukset hellitti ( alat oli 990 ) ja pys-tyin jo istumaan ja vähin erin liikkumaan. Olin Kysissä todella hyvässä hoidossa reilun kaksi viikkoa ja sen jälkeen 3 vrk Sii-linjärven tk: ssa.

Olin kotiin päästyä vielä väsynyt, mutta nyt on siitä jo vuosi aikaa! On todettu moneen kertaan, että sydän on aika huono. Nykyisin käyn täällä Akuliinassa yksityisellä fysioterapeutilla kohentamassa tasapainoani ja lihasvoimaa. Teen annetut harjoi-tukset. Edistystä on hieman tapahtunut ja jatkan harjoituksia edelleen. Täällä pohjakerroksessa on myös kuntosali monine laitteineen.

Olen olooni hyvin tyytyväinen ja odotan jännityksellä mitä elämä tuo vielä tullessaan.

Kesällä 2017 vasempaan silmään ilmestyi näköhäiriöitä ja me-nin varaamaan aikaa silmälääkärille. Hän kehoitti menemään heti tk:een hakemaan lähetettä Kysin päivystykseen. En nähnyt silmällä muuta kuin valkoisen takin. Silmässä oli lasiaisveren-vuoto, jota seurattiin parin viikon välein. Leikkaus tehtiin parin kuukauden kuluttua 21.9.2017. Lasiainen poistettiin ja täytettiin kaasulla. Ihme oli kun näkö palautui. Tammikuussa 2018 oli ensimäinen tarkastus ja keväällä tulee toinen tarkastus. Verihiutaleet olivat tosi alhaalla ja sitä varten tiputettiin erytrosyyttejä ennen leikkausta. Muitakin kokeita tehtiin. Hyvin on hoidettu koko ajan.

## Matkat muistoissani

Me matkustelimme paljon lasten kanssa kotimaassa, että Suomi tulisi tutuksi. Koulussa siitä oli lapsille hyötyä. Pekka osallistui ahkerasti agrologien valtakunnallisiin taitokilpailuihin eri puolilla Suomea ja me olimme koko perhe mukana. Ne olivat mukavia reissuja ja saimme uusia ystäväperheitä. Pekka voitti kolme kertaa peräkkäin agrologien valtakunnalliset taitokilpailut saaden pokaalin itselleen ja paljon osakilpailupalkintoja. Kukaan ei ollut sitä ennen eikä sen jälkeen yltänyt sellaiseen saavutukseen. Kilpailuissa oli mm. kasvien tuntemus, maalajituntemus, pinta-alan arviointi, kuutiomäärän laskeminen, äidinkieli ym. ainakin kymmentä eri lajia. Ammattilehdet piti hallita.

Kerran me halusimme kuljettaa lapsia eri kulkuvälineissä. Minä menin kolmen lapsen kanssa lentokoneella Jyväskylään. Matkalla sattui olemaan ilmakuoppia. 5-vuotias Antti pelästyi ja kysyi: "Osaako setä varmasti ajaa konetta ja kaartaako kone?" Minäkin matkustin ensimäistä kertaa koneella ja vastasin, että ei kaarra. Laskeutumisvaiheessa Antti sanoi: "Sinähän valehtelit. Kaartaahan tämä". Pekka oli meitä Jyväskylässä vastassa. Sieltä menimme omalla autolla Vaasaan, jossa olimme yötä. Aamulla aikaisin laivalla Ruotsiin ja linja-autolla Uumajan-kaupunkiin. Sieltä vuokrasimme päiväksi hotellihuoneen, kun lapset väsyivät kaupungilla kulkemiseen. He eivät malttaneet nukkua, vaan läträsivät kylpyammeessa. Illalla oli lähtö takaisin laivalla Vaasaan ja sieltä omalla autolla Pöljälle.

Kaiken huipuksi Anna, joka oli silloin 3-vuotias meni tulomatkalla Siilinjärven mummolassa Pekan volvon rattiin tarkoituksena lähteä kotiin. Auto pysähtyi keskelle pihamaata. Hän juoksi sanomaan, että hän ajoi isin autoa ihan oikeesti. Anna oli ollut polvillaan kuskin paikalla ja kääntänyt virta-avaimesta jolloin lämmin auto nytkähti liikkeelle. Anna oli kääntänyt rattia niin, että tuli u-käännös keskelle pihamaata. - Kun sitten kysyin lapsilta: "Mikä oli hauskinta matkassa?" He vastasivat, että kylpyammeessa läträäminen!

Antti-poikamme oli Amerikassa, Illinoisissa, rotarien vaihto-oppilaana yhden kuukauden. Hänen kaverinsa, Douglas-niminen poika oli vastaavasti meillä kuukauden. Tällöin me teimme ikimuistoisen matkan Leningradiin naapurimme Ahti Rautiaisen innoittamana. Timo-poikamme oli Kontiolahdella armeijassa, josta me haimme hänet kuskiksi viikon lomalle. Meillä oli vuokrattuna asuntovaunu ja autona Saab combikoup. Meitä oli Pekka, minä, Antti, Douglas ja Timo kuskina ( lukiossa venäjää lukenut). Matkakohteemme oli Olginon leirintä-alue Leningradin tällä puolen, jonne asuntovaunu parkkeerattiin.

Ennen sinne pääsyä sattui monia kommelluksia. Tiukasta tullista (auto osittain purettiin) päästyämme olimme niin haltioissamme, että unohdimme kaikki saamamme ohjeet pysähtymis-paikoista jne. Meidän piti mennä ensin Viipuriin, mutta ajoim-

63

me väärään suuntaan, jolloin tuli miliisit käännyttämään takaisin ja ohjasivat Viipuriin menevälle tielle. Siellä Pekka sai ensimäiset sakot, kun turvavyö ei ollut päällä ja sitä tehden tuli pitkin matkaa milloin mistäkin pikkusakkoja. Osan sakoista sai anteeksi Timon venäjänkielen vähäinen osaaminen. Oli tavattoman kuuma päivä ja teki mieli uimaan. Katselimme sopivia uimapaikkoja, kunnes sellainen löytyikin aivan tien vierestä ja sopivasti levike ajoneuvoyhdistelmälle. Lampi oli männikkörinteen notkossa ja siellä paljon uimamiehiä. Me vaihdoimme uimapuvut rinteen päällä ja pojat kerkisivät jo uimaan. Pekka oli mennyt asuntovaunulta hakemaan unohtamaansa tavaraa. Pian hän tulee miliisit mukanaan rinteelle huutamaan meitä pois. Olimme luvattomalla uimapaikalla! Minä olin juuri kerinnyt kastautua kun piti lähteä pois. Pekka kertoi, että poliisit oli vaatineet passeja nähtäväksi. Pekka oli antanut amerikkalaisen passin päällimmäisenä ja pitänyt passeista kiinni. Hän maksoi taas sakot. Meille tuli kiire poistua paikalta enkä ehtinyt vaihtaa märkää uimapukua päältä. Pelkäsin, että meitä kuulustellaan vielä Terijoella, mutta Pekka sanoi, että sakoilla selvittiin. Naapurimme oli kehoittanut varaamaan sakkorahoja kukkaroon ja ne oli todella tarpeen.

Pääsimme viimein leirintäalueelle. Siellä oli suihkumahdollisuus ja hyvä paikka leiriytyä. Leningradiin oli ehkä 10 km:n matka. Oli todella kuumat päivät ja kova jano. En suostunut juomaan yhteisestä juomalasista kadun varrella. Sanoin, että mieluummin kuolen kuin juon. Niinpä keksimme käydä ravintolasta ostamassa virvokkeita.

Kerran sattui, että meiltä oli jäänyt auton sivuikkuna auki ja paljon tavaraa autossa näkyvillä. Poliisit olivat autolla osoittaen avoinna olevaa ikkunaa. Hyvää huolta siellä pidettiin!

Antilla oli Amerikasta tuotuja lippiksiä ym. pikkutavaraa, jota venäläiset halusivat väkisin ostaa. Niinpä Antti teki kauppaa niistä ja me saimme syödä hienosti ravintolassa 7-lajin ruoat mustine kaviaareineen. Antti oli ollut venäläisten Lada-ajelulla tehden kauppaa ja he olivat tuoneet hänet takaisin. Emme olisi tienneet, jos Antti olisi hävinnyt. Rehellisiä olivat! Me söimme monena päivänä hyvin ja palvelu oli hyvää. Kaupoista ei saanut ostaa rahalla juuri mitään. Siitä olivat vanhempani Venäjän käyneinä puhuneet. Kerran ostin kaupasta leipää, joka olisi pitänyt kantaa kainalossa sikäläisittäin. Pyysin paperia, sain jäykkää, lähes pahvia, josta leipä vieri pitkin lattiaa. Se oli niin koominen tilanne, että olin nauruun kuolla. Miten epäkohteliasta minulta! Ostin sitten torimyyjältä kananmunia, jotka laitettiin sanomalehtitötteröön. Munat oli likaisia. En voinut keittää niitä vaan jätin tullin roskikseen. Torilla oli yleensä pilaantuneita tuotteita myytävänä (meikäläisen silmin). Kiertelimme Leningradin kaduilla ja kävimme mm. merimuseossa, Iisakinkirkossa ja Eremitaasissa, jossa oli todella paljon nähtävää. Siellä oli myös rauhoitettuja aukioita, joitten ylitys oli sakon uhalla kielletty. Kadut olivat leveitä ja Timo teki joskus u-käännöksiä. Matkalla leirintä-alueelle Timo innostui ajamaan kilpaa venäläisen Ladan kanssa. Tiet oli kuoppaisia, joten sai olla varovainen, etteivät renkaat menneet rikki.

Kaiken kaikkiaan matka oli onnistunut ja opettavainen. Amerikkalaiselle pojalle suuri elämys. Hänet saatoimme Helsinkiin

tutustumiskäynnin päätteeksi Newyorkiin lähtevään lentoko-
neeseen. Vuosi oli 1983.

V.1990 keväällä kävimme Israelissa, Eilatissa. Osallistuimme
kaikkiin retkiin, joista mainittavimpia oli Egypti Siinain-retki
jeepillä paimentolais-leireillä. Siellä oppaat laittoivat paimento-
laisten kanssa ruokaa ja kävimme myös yhdessä luostarissa. Oli
mukavaa nähdä aitoja paimentolaisia työssään aavikolla. Puita
oli harvakseltaan.

Toinen reissu tehtiin linja-autolla Eilatista Jerusalemiin. Vai-
kuttavaa oli itkumuurilla käynti ja juutalaislasten museolla, jos-
sa tapettujen juutalaisten lasten nimet mainittiin kynttilöin va-
laistussa pimeässä huoneessa. Se näky vaikutti pitkän aikaa
mielessä. Betlehemiin mennessä kuljimme Jerikon kaupungin
ohi jossa Sakkeus oli noussut puuhun nähdäkseen Jeesuksen.
Ilta-aurinko paistoi ja paimenia oli kedolla niinkuin Jeesuksen
aikaankin. Olimme Betlehemissä yötä ja kävimme Jeesuksen
hautakammiossa.

Israelissa oli siihen aikaan levottomuuksia ja ampumisia kuului
silloin tällöin. Kerran pimeällä jouduimme ottamaan taksin,
kun ampuminen kuului aivan likeltä.

Mainittakoon vielä Kiovan 3:n viikon reissu, jonka teimme Pe-
kan kanssa syksyllä 1995 eläkkeelle jäätyäni. Pekka oli ollut
selkäleikkauksessa ja pystyi juuri ja juuri matkustamaan ja is-
tumaan koneessa. Timo oli Kemiralla töissä ja vuoden komen-
nuksella projektipäällikkönä sokerijuurikas-ja vehvänviljely-
koetilalla. Vertailtiin suomalaisten ja ukrainalaisten viljelykäy-
täntöjä, joissa Suomi menestyi erittäin hyvin.

Pekka meni usein Timon kyydissä koetilalle keskustellen sikäläisten työntekijöiden kanssa ( Timo toimi tulkkina). Minäkin kävin siellä. Se oli mustanmullan seutua ja peltoa oli silmänkantamattomiin. Otin multaa lasipurkkiin muistoksi. Lienee vieläkin Pöljällä.

Timo asui perheineen Kiovan esikaupunkialueella vartioidussa 9-kerroksisen talon ylimmässä kerroksessa. Hänellä oli iso huoneisto asuttavanaan. Sauna oli pohjakerroksessa. Johanna teki väitöskirjaa ja hoiti kolmea lasta, joista Markus oli 7-kuukauden ikäinen. Lapsilla oli siellä ukrainalainen hoitaja, joten saatoimme käydä Johannan kanssa Kiovan keskustassa ja myös Pekan kanssa kahdestaan. Johanna opetti minulle muutamia tärkeitä sanoja ja opetti myös liikkumaan kulkuvälineissä. Myös rahanvaihtopaikat hän neuvoi. Oli varottava taskuvarkaita. En minäkään siltä välttynyt. Tulimme Johannan kanssa täpötäydessä raitiotievaunussa kotiimme. Siinä vain yks' kaks' taskustani vietiin 70 markkaa. Reppuani oli nyvitty ja kun huomioni kiinnittyi siihen silloin varas vei taskusta rahat ja jäi heti seuraavalla pysäkillä pois. Onneksi oli pieni summa, mutta kokemus sekin. Siellä näin ensimäisen kerran kerjäläisiä, usein vammaisia kerjäläisiä, jotka oli pakotettu kerjäämään toisten hyväksi! Näin sanottiin.

Kadut pestiin siellä joka aamu mahdollisista saasteista. Tzernobylin onnettomuudesta oli kulunut 10 vuotta.

Lasten hoitajana oli ukrainalainen Jelena, joka tuli Suomeen hoitamaan lapsia. Hän oli oikein luova ja opetti lapsille ukrainalaisia näytelmiä, piirustusta ja maalausta. Samalla lapset oppivat venäjää ja hän suomea. Myöhemmin hän opiskeli Helsingin yliopistossa ja väitteli tohtoriksi. Se tuli Timon perheelle yllätyksenä. Jelena oli lasten kanssa myös Pöljällä lomilla ja tykkäsi kovasti maalla olosta.

Ukrainan olosuhteet poikkesivat paljon Suomesta. Siellä tuli aikaisin pimeä eikä katuvaloja ollut. Oli jännittävää mennä illalla läheiseen leipäkauppaan ja varoa kadulla olevia esteitä, jotka Johanna jo tiesi olevan. Kadulla saattoi olla avonainen viemäri, josta puuttui kansi eikä mitään varoitusta! Kerrankin kun tulimme illalla kotiin taksilla, varoitimme häntä avoimesta viemäristä. Maaseudulla ei ollut väliä kumpaa puolta ajettiin. Se oli pelottavaa. Kerran jouduimme suuren karjalauman keskelle ja siinä vain odoteltiin, että karja meni menojaan. Tiellä saattoi olla peltiromua, josta Timo nippanappa selvisi autoaan naarmuttamatta. Kaikenkaikkiaan siellä oli hyvin vapaa meininki! Liikenteessä oli paljon kolhittuja autoja. Timolla oli uusi farmari Mercedes- Benz ja sitäkin sai jännittää etteivät kesken ajon rosvojoukot vaadi autoa itselleen. Siihen aikaan kuului puheita, että autoja nostettiin kuorma-auton lavalle ja ne hävisivät teille tietymättömille.

Kiova oli iso ja väljä kaupunki. Kävimme siellä usein kolmen viikon aikana. Paljon oli nähtävää ja ostettavaa. Kristalli oli halpaa. Ostin sitä tuliaisiksi ja itsellekin muistoksi ja muutamia kauniita esineitä. Kerran kun olin yksin menossa Kiovan keskustaan sain heti alussa kaksi pyssymiestä eteeni. Olin menossa vaihtamaan rahaa siinä asunnon ulkopuolella. Selvitin heille asiani ja panin samalla käteni taskuuni. He ilmeisesti luulivat, että aion ryöstää pankin. Pankki oli kuitenkin kiinni, joten rahanvaihto piti suorittaa Kiovassa.

Teimme muitakin matkoja mm Visbyyhyn, Trondheimiin omalla autolla ja Saksaan retkikunnan mukana.

# Kiitokset

Moni ihminen mm. opettaja, kirjailija , Elina Luukkainen oli pyytänyt minua kirjoittamaan elämästäni jälkipolville.

Sain lopullisen innokkeen palvelukeskus Akuliinan atk-vertaisohjaajien tukiryhmässä. Ilmaisin haluni kirjoittaa omalla iPadillani ja tulostaa tekstiä, mutta se ei onnistunut. Vertaisoh-jaaja Antero Kaskimetsä ( matematiikan eläkkeellä oleva lehto-ri) sanoi, että on olemassa pages kirjoitusohjelma, jonka voi ostaa iPadille. Vertaisohjaaja Ahti Planman, Kuopion yliopis-tosta eläkkeelle jäänyt atk-päällikkö, latasi ko ohjelman ko-neelleni oman tilinsä kautta (minulla kun ei ollut visakorttia). Maksoin käteisellä. Iloni oli hyvin suuri kun löytyi tällainen mahdollisuus. Ahti Planman on ohjannut minua koko ajan ja kannustanut kirjoittamaan. Ongelmia on ollut, mutta aina hän on pelastanut tukalista tilanteista. Olen hänelle erittäin kiitolli-nen. Tulkoon vielä mainituksi vertaisohjaaja Aimo Vänttinen, joka myös auttoi muissa atk-asioissa. Kiitokset myös Saara Lil-jerothille, joka oikoluki koko tekstin ja korjaili kirjoitus- ja kie-lioppivirheet. Saaralle lisäksi lämpimät kiitokset ystävyydestä ja monenlaisesta tuesta, joka vaikutti olennaisesti tämän koko hankkeen käynnistymiseen ja onnistumiseen.

Vertausohjaustyö vapaaehtoisvoimin on erittäin arvokasta. Kiinnostus atk:n ja älypuhelimen käyttöön on valtavasti lisääntynyt jopa yli 90-vuotiailla. Mm täällä palvelukeskus Akuliinassa kävijöitä riittää. Toivotaan hartaasti jatkoa ja jaksamista entisille ja uusille vertaisohjaajille.

# Lopuksi

Olen oppinut elämäni aikana että ei ole koiraa karvoihin katsominen. Siinä tulee helposti itsensä nolanneeksi jos aliarvioi toisen. Päältäpäin katsoen moni vaatimaton, vanha tai vammainen ihminen on osoittaunut viisaaksi ja oppineeksi ihmiseksi. Hänelle ulkoinen olemus ei ole ollut tärkeää.

Meitä ihmisiä on monenlaisia, lukuihmisiä ja käytännön osaajia. Kaikkia ammatinharjoittajia tarvitaan ja heille kuuluu oma arvonsa. Tätä on syytä pysähtyä miettimään. Mitä tulisi, jos joku ammatinharjoittaja puuttuisi? Anna arvo itsellesi, anna arvo toisellekin.

Vasta eläkkeellä ollessani tajusin että 2000 vuoden takaisia ihmeitä tapahtuu tänäkin päivänä. Meillä on ihmeellinen johdatus ja varjelus elämässämme. On taito oppia nauttimaan ympärillämme tapahtuvista pienistä asioista ja olla kiitollinen. Nuoruuteen kuului jatkuva ponnistelu paremmasta elämästä ja tulevaisuudesta. Ahneus ei ole hyvä asia. Isä usein sanoi, että ahneella on huono loppu. Se jäi mieleeni ja on syytä meidän jokaisen muistaa.

Lähimpänä esimerkkinä johdatuksesta on tyttäremme Annan tervehtyminen sairaudestaan ja siihen liittyvät tapahtumat. Tästä me keskustelimme Annan ja äidin kanssa hänen kotonaan isän kuoleman jälkeen. Kertasimme Annan elämän vaiheita ja johdatusta monissa asioissa. Silloin avautui silmämme näkemään ihmeiden tapahtumiseen tänäkin päivänä. Ihailen Annan käytöstä ja suhtaumista lähimmäisiinsä. Puhuttelutapa on lämmintä, rakkaudellista, aitoa, sydämestä lähtevää. Anna on minulle ja oli isälleen hyvä tuki ja auttaja. Hän palkitsee meille hänelle antamamme tuen vaikeina aikoina.

Hyvä käytös ja toisen kunnioittaminen on kullanarvoinen asia. Paha sana voi olla toiselle viimeinen niitti hänen elämässään! Olkaamme rinnalla kulkijoita, kannustavia. Mottoni on: **Ole ihminen ihmiselle!**

Salme Räsänen Siilinjärven Palvelukeskus Akuliinassa 20.9.2018

# Liite Harjamäen työvuosien ajalta

18.9.2015

Ensimäinen kosketus Harjamäen sairaalaan tapahtui v. 1953. Olin keskikoulun kolmannella luokalla. Kuljimme parhaan koulukaverini kanssa Siilinjärven piirimielisairaalan ohi ja mitä ihmettä: potilaat pitivät juoksukilpailuja keskellä maantietä! Ihmettelimme, että miten annetaan potilaiden olla maantiellä etteivät tavalliset ihmiset uskalla kulkea ohi. Vihdoin viimein uskalsimme mennä ja pääsimme jatkamaan tyttökaverini kotiin Väänälänrannalle. Vierähti vuosia, olin ylioppilas ja talouskoulun käynyt. Pyrin piirimielisairaalaan harjoittelijaksi kesällä 1959. Ylihoitaja Elli Kaijansikko hyväksyi minut. Harjoittelujakso jäi seitsemän viikon pituiseksi, kun minut oli valittu Kuopion sairaanhoitakouluun 5.8.1959 alkavalle kurssille.

Tuo seitsemän viikon jakso oli elämäni opettavaisinta aikaa. Ylihoitaja Kaijansinkko piti harjoittelijoille luentoja , jossa hän erikoisesti painotti ihmisen kunnioittamista ja kaikin puolin hyviä käytöstapoja.

Olin neljä ensimäistä viikkoa naisten avo-osastolla, juuri valmistuneessa sairaalarakennus S 1:llä. Hoitajat olivat valtavan ystävällisiä ja opettivat monia sairaanhoitoon liittyviä toimenpiteitä: mm verenpaineen mittaamisen ja verinäytteen ottamisen ym. Harjottelijan töihin kuului kylpyhuoneessa saippualokerikkojen puhdistus, pölyjen pyyhkiminen, avustaminen potilaiden kylvettämisessä, ruokailussa, ulkoilussa ja pitää potilaille seuraa. Erikoisesti jäi mieleeni eräs iäkkääpi naispotilas, jota usein kannoin sylissäni. Myös hieroin potilaita, jonka taidon opin jo lapsuudessa. Olisin halunnut myös yksin valvoa osastolla, mutta osastolla oli vauvaa odottava potilas, joten sitä riskiä ei otettu. Sen sijaan minulle järjestyi kolmen viikon yötyö jakso miesosastoilla rak.S2:ssa. Muistan elävästi miten jännittynein mielin nousin ylimpään kerrokseen ja avasin isolla avaimella osaston oven. Minut otti vastaan ns.vipparityttö (6 viikon harjottelujakson suorittanut.) Hän vei minut osaston kansliaan ja näytti seinältä kartan, jossa oli huoneittain potilaiden nimet. Aamulla piti olla kirjoitettu raportti potilaiden tilanteesta. Eräästä potilaasta hän mainitsi, että tämä saattaa

72

yks,kaks nousta ja kiroilla, mutta sitä ei tarvitse säikähtää. Aamulla piti sytyttää tuli puuhellaan ja keittää tee. "Osaston luottopotilas osaa tarkemmin neuvoa ja hän kattaa pöydät".Hän myös kertoi, että valmis hoitaja valvoo toista osastoa ja osastojen välinen ovi on auki aamu kuuteen asti. Tämä oli turvatakuu minulle. Minä taas ajattelin, että kun tämä osasto on uskottu minulle, niin minä hoidan sen yksin! Mutta yöllä tuli vanhempi naishoitaja katsomaan, että minkälainen tyttö täällä valvoo ja kävi läheltä kurkistelemassa potilaita nukkuivatko he. Kun hoitaja meni osastolleen, minä ajattelin, että teen samalla tavalla varmistaakseni potilaiden nukkumista. Mennessäni erääseen huoneeseen potilas pomppasi sängynlaidalle ja sanoi: "Mitäs perkelettä sinä siellä hiivit ja kytteet". Säpsähdin, mutta rauhallisesti esittelin itseni "Olen harjoittelija Montonen ja valvon täällä ensimäistä yötä. Minusta näytti, että te valvotte ja sitä jäin katsomaan". Meistä tulikin lähes ystävät ja menin usein hänen kanssaan juttelemaan. Minä tein valvontatyöni tunnollisesti kiertäen osaston aina uudelleen päästä päähän." Luottopotilas neuvoi, että käy penkille nukkumaan, niin ne muutkin tekevät". Tätä neuvoa en noudattanut. Tällä osastolla oli myös tuberguloosipotilaita joista piti ottaa yskösnäytteitä aamulla.

Kun ensimäinen aamu valkeni, hämmästyin minkälaisen porukan kanssa olin yöni viettänyt. Osa potilaista puhui itsekseen ja nauraa hörähtelivät kulkien pöydän ympärillä. Eräällä potilaalla oli luottotehtävänä kiillottaa "jynssällä" osaston kivilattiat. Pelkäsin sitä jynssääjämiestä kun hän oli synkännäköinen. Aamulla olin petannut hänen sänkynsä, kun hän ilmestyi jynssineen ovelle ja kysyi laitoitko päiväpeitteen. En ollut huomannut ikkunalaudalla verhon takana olevaa päiväpeitettä. Pyysin anteeksi ja sanoin, että laitan sen nyt. Hän rauhoittui eikä suuttunut minulle.---Ensimäinen yö sujui kommelluksitta. Eräänä yönä piti erikoisesti huolehtia kuumeisesta vuodepotilaasta. Hän pyysi virtsapulloa ja kun olin saanut sen laitettua, tuli osastolle miesharjoittelija, Erkki Holopainen. En olisi mitenkään ilennyt hänen aikaan ottaa pulloa pois, mutta pakko oli, ettei tule suurempaa vahinkoa. Sitten me vaihdoimme isokokoiselle potilaalle kuivan yöpuvun ja kesken sen tuli yöylihoitaja . Hänellä oli naurussaan pitelemistä, kun kaksi pientä, hentoa ihmistä yritti saada pyjamaa miehen päälle.( Hän kertoi myöhemmin, kun olimme jo valmiita hoitajia).

Toinen osasto, jota valvoin osottautui arvaamattomammaksi. Kerron pari esimerkkiä. Kun koulutettu naishoitaja yöllä kääntyi lähteäkseen omalle osastolleen koppasi miespotilas yllättäen minut syliinsä ja vei huoneeseensa. Naishoitaja tuli heti apuun. Potilas painoi polvellaan minua seinää vasten, mutta pääsin lopulta irti. Mieshoitaja kävi nuhtelemassa potilasta ja vannotti, että annat tytön olla rauhassa. Tuli sitten aamu ja olin yksin keittiössä teetä keittämässä. Ko potilas ilmestyi keittiön ovelle. Arvioin salamana, että pystyn livahtamaan päiväsalin puolelle, jos potilas astuu kynnyksen yli. Hän tulikin pyytämään anteeksi yöllistä käytöstään. Minä sanoin topakasti, että saatte anteeksi, jos se oli viimeinen kerta. Hän lupasi ja poistui ovelta. Yhtenä aamuna oli puhtaaksi petaus ja miesten piti ajaa parrat –oli tulossa ylilääkärin kierto. Minä keräsin vuodevaatteet sän-

gyistä ja vein pyykkikoriin kylpyhuoneeseen. Olin varuillani,
etten jäisi "mottiin" huoneeseen. Yksi potilas yritti kopaista
minua kylpyhuoneen ovella ja toisen kerran kun tulin lakanat
sylissä hän lähti tulemaan silmät kiiluen minua kohti. Polkaisin
topakasti jalkaa lattiaan ja sanoin:" Askeltakaan ette tule". Hän
pysähtyi ja pyysi anteeksi äskeistä kopaisua. Tämä oli viimei-
nen valvomani yö kolmen viikon yövalvonta jaksollani. Osas-
tot olivat hyvin sokkeloiset ja olin onnellinen, ettei mitään ikä-
vää päässyt tapahtumaan. Huomasin, että potilaat osasivat käyt-
täytyä lopulta kohteliaasti. Ts." Niin metsä vastaa kuin siihen
huudetaan". Ylihoitajan neuvo oli, että pelkoa ei saa potilaalle
näyttää.

Valmistuin sairaanhoitajaksi 15.2.1962 ja työt aloitin Harja-
mäen keskusmielisairaalassa 1.3.1962 assistenttihoitajana
miesosasto 9:llä- samalla osastolla jolla viimeiset yöt valvoin
harjoittelijana ollessa. Oli jännittävää olla koulutettuna sairaan-
hoitajana. Ensimäisenä päivänä jouduin ottamaan monet veri-
näytteet osaston potilaista ja se oli mukavaa. Sitten alkoikin
osastolta käsin aivosähkökäyrän (EEG) opettelu, koska joutui-
sin lomittamaan osastonhoitaja Pirkko Rimpiläistä. Se oli to-
della vaativa työ opetella ulkoa kaikki kytkennät, liimata pas-
talla elektrodit symmetrisesti keskipään molemmille puolille.
Muistan enää vain A1 Fp1 ja A2 Fp2 (vas.korva ja vasen otsa
ja oikean puolen korvanlehti ja oikea otsa). Hiukset tuli olla
pestyt. EEG:hen potilaat tuli lähetteellä ja sen mukaan piti va-
lita kytkennät. Esim. epilepsia kohtauksia saaneille ei saanut
laittaa vilkkuvia valoja. Potilaiden käskettiin välillä sulkea sil-

mänsä. Käyristä ilmeni monia asioita ja kirjoitin niihin potilaan poikkeavaa liikehdintää. Käyrät piti postittaa Helsinkiin lääkärin saneltavaksi. Sieltä ne tuli saneluina, jotka minä kirjoitin koneella puhtaaksi ja edelleen lähettävälle lääkärille. Minun oli opeteltava myös konekirjoitustaito! Sain Pirkolta asiantuntijan, monipuolisen opetuksen EEG:n ottamiseen liittyvissä asioissa. Sain sanelut tehneeltä lääkäriltä myöhemmin tavatessamme kiitosta hyvistä käyristä. Nuorin oli 2 kk:n ikäinen vauva. Sain myös positiivista palautetta eräältä sotainvalidiltä, joka oli ollut osastolla ja nyt täällä tutkimuksissa. Pirkon lomitukseen kuului myös välinehuoltoon liittyviä tehtäviä: sairaalatarvikkeiden tilauksia ja sterilisaatiopotilaiden nukutus. Viimemainittuja sattui kohdalleni kaksi, joista toiset kaksi nukutti kokenut laboratoriossa työskentelevä sairaanhoitaja Englund. Olin opiskeluaikana ollut paljon nukutuksissa mukana. Harjamäen sairaalassa oli tuolloin myös leikkausali, josta Pirkko Rimpiläinen vastasi.

Keväällä 1963 syntyi esikoispoikamme Timo. Olin silloin töissä miesten levottomalla osastolla miesosasto 7:llä. Oli jännittävää ja mielenkiintoista työskennellä siellä. Opin varomaan erikoisesti ylilääkärin kierron jälkeen kanslian oven takana odottavia potilaita kielletyistä loma- tai vapaakävelypäätöksistä. Osasin varautua ovea avatessani, etten jää ison mahani kanssa oven väliin, sillä ovi tuli tujakasti kiinni, jos lupia ei tullut. Minun jälkeeni ei enää raskaana olevia hoitajia sijoitettu levottomille osastoille. Hoitajat olivat mieshoitajia lukuunottamatta osastonhoitaja Helmi Seppästä ja minua assistenttihoitajaa.

Syksyllä 1963 minua pyydettiin perhehoitajan virkaan Lauha Männistön siirtyessä muihin tehtäviin ja sittemmin kansanedustajaksi. Lauha perehdytti minut hoitokoteihin ja potilaisiin. - - Mainitsen tässä vielä yhden työtehtävän. Minun tuli ottaa kaikista uusista sairaalaan tulevista potilaista valokuvat edestä päin ja molemmilta sivuilta. Edellinen kuvien ottaja opetti minut siihen. Kamera oli jalustalla oleva järjestelmäkamera, joka sijoitettiin perhehoitajan kansliaan miestalon toiseen kerrokseen. Kuvaaminen oli minulle täysin uusi ja arveluttava tehtävä. Sekin taito tuli opittua ja hyviä kuvia tulikin. Valokuvaaja Vesa Miettinen kehitti kuvat samoin kuin ottamani alastonkuvat ylilääkärin tutkimusta varten. Negatiivit tuli arkistoida ja kuvat kiinnitin kartongille sairauskertomukseen liitettäväksi. Tämän hoidin perhehoidon ohella.

Kerron nyt perhehoidosta jossa tehtävässä olin n.10 vuotta. Tästä mielenkiintoisesta aiheesta pystyisin kirjoittamaan romaanin, mutta keskityn vain olennaisimpaan. Syksyllä -63 illalla tuli puhelinsoitto kotiini eräästä hoitokodista jossa miespotilas käyttäytyy omituisesti. Menin katsomaan ja totesin, että potilas on vietävä sairaalaan. Miehet olivat saunassa, joten päätin lähteä yksin harhaisen potilaan kanssa. Keskustelin koko ajan potilaan kanssa, ettei hän harhoissaan tekisi yllättäviä liikkeitä. Tie oli hyvin mutkainen ja mäkinen. Onnellisesti päästiin osastolle. Tämä oli ensimäinen keikkani vastuullisena perhehoitajana. Ensimäinen potilas oli sijoitettu Pielavedelle v.1957 erään isännän, kansanedustaja Toimi Tikkasen aloitteesta hänen kotiinsa ja siitä se pikkuhiljaa laajeni käsittäen enimmillään 72 potilasta. Hoitokoteihin oli laadittu ohjesäännöt, joita tuli noudattaa. Hoitajan tuli käydä joka viikko potilaiden luona varmistamassa potilaiden kunto, täydentää lääkevarastot ja vaatevarastot, jotka olivat sairaalan puolesta. Emännät huolehtivat lääkkeiden antamisesta ja vaatteiden pesusta. Hoitokodeille maksettiin pientä korvausta, jonka he yleensä antoivat potilaille ja enemmänkin niin, että he voivat ostaa itselleen mieleisiä tavaroita. Hoitokäynneistä tuli kirjoittaa raportti erilliselle lomakkeelle sairauskertomukseen. Myöhemmin oli käytettävissä sanelukoneet, johon autoa ajaessa sanelin raportin ja sihteeri kirjoitti puhtaaksi. Lääkäri kävi hoitokodeissa 1-2 kk:n välein keskustellen potilaan kanssa kahdenkesken varmistuakseen potilaan voinnista ja sopivasta lääkityksestä. Kerran sattui vakava kohtaus mieslääkärin ja potilaan välillä. Potilaalla oli käskeviä, uhkailevia kuuloharhoja, jotka hän kohdisti lääkäriin. Potilas sanoi, ettei hänellä ole hoitajaa eikä talonväkeä vastaan mitään, mutta lääkäri panee hänen korviinsa kuulumaan tappouhkaukset! Tilanne saatiin rauhoitettua ja päästiin lähtemään. Kävin heti kahden mieshoitajan kanssa hakemassa potilaan sairaalaan, vaikka potilas oli jo rauhallinen. Vein hänet myöhemmin toiseen perhehoitokotiin. Perhehoitokäynneille osallistui usein sairaanhoitajaopiskelijoita ja erikoistuvia sairaanhoitajia. Heille oli elämys olla mukana.

Jatkan edelleen omakohtaisista kokemuksista perhehoitajana. Heti alkuun minua ihmetytti eräskin potilas, joka ei osastolla puhunut ääneen kenenkään kanssa. Lähdettiin sitten tutustumaan perhehoitokotiin. Istuimme autossani vierekkäin ja potilas rupesi ääneen puhumaan! Sairaalan rooli oli alkanut rapistua. Tämän havainnon tein jokaisen potilaan kohdalla. Silloin ei puhuttu kuntouttamisesta, mutta siitähän se kuntoutus alkoi. Hoitokodit olivat enimmäkseen maalaistaloja ja työt potilaille lähes tuttuja. Myös kotiapulaisen paikkoja oli, hyvinkin tasokkaita, valistuneita. Panin mm. merkille, että perheen lapsilla oli hyvin terapeuttinen vaikutus. He saattoivat kysyä, että ottaako setä meidät kyytiin, kun menee maitoja viemään maitolaiturille. Ja setähän otti mielellään. Sitten kun potilas kotiutettiin se oli itkun paikka. Ystävyys ja yhteydenpito saattoi jatkua vuosia. Potilaat olivat todella perheenjäseniä. Usein hoitokodeilta vaadittiin pitkää pinnaa potilaan ohjauksessa. Eihän se aina helppoa ollut, mutta lähimmäisenrakkaudesta oli kysymys ja se auttoi jaksamaan. Usein sitkeys palkittiin ja molemminpuolinen kiintymys kasvoi. Esimerkki: pitkään sairaalassa ollut vaikeahoitoinen naispotilas halusi perhehoitoon. Minulla oli tiedossa eräs paikka, johon kävimme potilaan kanssa tutustumassa. Potilas valitti mm. huonoa muistiaan ja ettei hän osaa paljon mitään tehdä. Se antoi haasteita kummallekin osapuolelle. Sitkeydellä potilaasta kehittyi mitä mainioin kodinhengetär, joksi häntä perhehoidossa nimitettiin. Hän oppi talon työt ja osallistui pienten lasten hoitoon. Hänen muistinsa parani niin, että hän teki mm. pitkät kauppalistat ja muistutti asioista. Hän oli äitinsä tukena Kysissä käydessä jne. Tämä oli malliesimerkki täydellisestä kuntoutumisesta. Hän ei halunnut lähteä hoitokodista minnekään. Siitä oli tullut hänen kotinsa. Toinen esimerkki: osastolta suositeltiin perhehoitoon erästä naispotilasta, joka vain makaili sängyssä. Vein hänet erääseen hoitokotiin, jossa potilas meni heti sänkyyn peitteen alle yhden työn tehtyään. Emäntä hienotunteisena ei ilennyt kutsua häntä töihin. Annoin emännälle neuvon, että miettii valmiiksi aina uuden tehtävän ennen kuin ehtii mennä sänkyyn. Siitä hän vähitellen tottui työntekoon. Vuosien kuluessa hän kuntoutui niin paljon, että löysi iltamista hyvän miesystävän, joka kävi usein perhehoitokodissa. Hän osoittautui kunnon mieheksi. He menivät naimisiin ja ostivat yhteisillä varoilla kaksion. Hoitokodin väki vieraili heidän kodissaan ja kesäasunnollaan, jossa entinen potilas toimi mainiona emäntänä. Kun sitten mies kuoli, järjesti leski yllättävän hyvät hautajaiset kuolinilmoitusta myöten. Käännyin usein sosiaalihoitaja Martta Rissanen puoleen potilaiden edunvalvonta-asioissa. Eräs tällainen oli potilaan perunkirjoitusasia, jossa hän olisi jäänyt perintöä vaille. Hoitokodin isäntä oli joskus uskottuna miehenä mukana.

Hoitokotien emännät olivat kodin sielu. Käydessäni vastaan tulvahti usein vastaleivotun leivän ja pullan tuoksu, jota minullekin tarjottiin samoinkuin ruokaa. Tällaiset olot oli omiaan luomaan kodikkuutta ja turvallisuutta, hyvää oloa potilaille. Tein usein potilaiden kanssa ostosmatkoja Kuopioon. Ostokset he maksoivat hoitokodista saamillaan rahoilla. Suurimpia ostoksia olivat mm.miesten puku , polkupyörä, radio jne. Nämä matkat virkistivät mieltä. Myös potilaiden hampaat hoidettiin kuntoon. Harjamäessä oli potilaille oma hammaslääkäri Ulla Huttunen.

Kesäisin me teimme potilaiden kanssa yhteisiä retkiä, jotka suuniteletiin yhdessä potilaiden kanssa. Meitä oli kaksi perhehoitajaa Inkeri Sarlund ja minä, jotka kumpikin hoidimme omat alueemme. Inkeri oli iloinen, pirteä ja kaiken osaava diakonissa. Yhdessä me suunnittelimme monia mukavia asioita potilaille. Erikoisesti on jäänyt mieleen kahdeksan vuorokauden retki Lappiin ja Norjan Altaan asti. Sen retken oli järjestänyt liikunnanohjaaja Pentti Ahonen majoitusvarauksia myöten. Mukana oli myös hoitokodin emäntä ja isäntä, yhteensä meitä oli viisi valvojaa. Potilaita oli n. 30 henkeä, linja-autollinen. Meillä oli Harjamäen keittiöltä eväät mukana, joista me laitoimme ruuat (mm perunoita iso säkki). Potilaat osallistuivat ruuanlaittoon ja kahvin keittoon kykynsä mukaan. Meillä oli hauskaa ja hyvä henki. Matkalla Altaan me uimme jäämeressä ja se oli elämys! Matka sujui kommelluksitta – olimmehan sen huolella suunnitelleet. Meistä tehtiin lehtijuttu HARJAMÄEN potilaat maistoivat jäämeren vettä! Kuvia jäi meille muistoksi. Kysyttäessä tulomatkalla potilailta mikä oli mieluisinta matkalla, kuului muuan vastaus, että kun sai Kilpisjärven hotellissa juoda salaa konjakit! Me yövyimme Kilpisjärven mökeissä ja kävimme Saanatunturin laella. Mahtava reissu! Ansaitsee tulla mainituksi Harjamäen Kerho ry, joka avusti näitä retkiä.

Muistan haikeudella ja kiitollisuudella jokaista perhehoitokotia ja potilaita. Meistä tuli ystäviä ja molemminpuolinen luottamus on säilynyt. Tein myös kotikäyntejä sellaisten omaisten luokse, jotka eivät pitäneet potilaaseen yhteyttä. Siellä saattoi olla pelkoa ja ennakkoluuloja, kun olivat viimeksi omaisensa sairaana nähneet. Nyt potilas oli mukanani ja sitä ihmeteltiin miten minä yksin jonkun miespotilaan kanssa olin pitkään matkaan lähtenyt. Vastaavanlaisia tapauksia oli paljon ja osa heistä voitiin kotiuttaa ja yhteys omaisiin oli syntynyt. Jotkut nuoret pääsivät opiskelemaan kansanopistoon, karjanhoitokouluun jne. Perhehoidossa he oppivat normaalin elämisen taitoja.

Erikoistuin psykiatriseen sairaanhoitoon Oulussa vuosina 1964 – 1965. Toinen poika syntyi elok.1965. Senjälkeen olin osastonhoitajan sijaisena M3:lla, jolla oli puolet neuroosipotilaita ja puolet alkoholisteja. Työni puolesta minun kuului osallistua Harjamäen tiloissa viikottain kokoontuvaan AA-kerhoon( nimettömät alkoholistit). Heiltä, asiantuntijoilta, opin paljon työssäni hyödynnettäväksi. Ensimäinen askel oli myöntää olevansa alkoholisti! Ennen kuin siihen askeleeseen oli päästy oli usein jo läpikäyty avioerot, asunnon menetykset, kaikkensa menettänyt rappioalkoholisti, asumuksena veneenalus tai havumaja metsässä. Mikään hyvä eikä paha ollut auttanut.Lopulta oma järki pysäytti mielettömän elämän. Alkoholistin tuli joka aamu sanoa itselleen: "Tänä päivänä en ota yhtään ryyppyä". Sillä tavalla ja AA:laisten tuella ja uskolla Korkeimpaan voimaan olivat monet saavuttaneet vuosien raittiuden ja perheetkin saattoivat yhdistyä. Ensimäinen askel alkoholismiin oli kokemusten mukaan krapularyyppyjen ottaminen.

Halusin ottaa omaan kotiini alkoholistin hoitoon . Hän oli kiltti ja mukava mies. Hän halusi kokeilla muutakin kuin veneen aluselämää. Hän osallistui miesten töihin ohjattuna. Hän kertoi tarkemmin heidänlaistensa yhteiselosta ja järjestyssäännöistä . Esim: jos joku ei vuorollaan pystynyt hakemaan päihdyttäviä aineita tai ruokaa hän joutui porukasta pois. Yksi lomareissu tältä alkoholistilta epäonnistui pahemman kerran ja siihen päättyi hänen kohdallaan perhehoito.

Osatonhoitajan sijaisuus kesti n. 7 kk. Sitten siirryin perhehoitajan työhön takaisin. Tähän perään sopinee esimerkki eräästä kaljotteluun taipuvaisesta miehestä. Olin erään hoitokodin kanssa sopinut miehen viemisestä. Hoitokoti oli kauniilla järvenrantapaikalla, josta kaupat oli kaukana. Vähän aikaa sujui kaikki hyvin , työt ja yhteiselo talonväen kanssa. Sitten paljastui, että potilas oli alkanut valmistaa salaa kiljua. Siihen hän tarvitsi mm.ruisleivän kannikoita ja sokeripaloja, mukamas hevoselle viedäkseen. Työnteko ei enää sujunut eikä järkipuhe auttanut. Potilas olisi halunnut olla perhehoidossa, mutta talonväki ei enää uskaltanut ottaa riskiä, ettei tule työtapaturmaa. Kävin hakemassa potilaan sairaalaan kuten olin luvannut. Tulomatkalla metsätiellä hän alkoi pelotella minua puheillaan. Sanoi mm että sinä et tiedä miten paha mies minä oikein olen. Sanoi olleensa linnassa väkisinmakaamisestakin! Sanoin, että jos siltä varalta puhut, että pelkäisin, niin minussa ei hyvä pilalle mene. Ja nauruksihan se meni. Tavattiin monta kertaa osastolla ja aina pyysi päästä perhehoitoon.- Kolmas lapseni syntyi keväällä 1967 vaikeuksien kautta.

Värikkäiden, mielenkiintoisten perhehoitovuosien jälkeen hain Kuopion korkeakoulun hallinnolliseen jatkokoulutukseen, jota johti professori Sirkka Sinkkonen. Koulutus kesti opinnäytetöinneen 1v4kk. Syksyllä 1976 minut nimitettiin henkilöstöasioiden ylihoitajaksi Harjamäen sairaalaan—olinhan siihen saanut koulutuksen. Mutta käytäntö ja teoria ovat aivan eri asia. Käytännössä opin asiat kantapään kautta. Ongelmana oli mm se etten tuntenut henkilökuntaa juuri ollenkaan. Kuitenkin minun piti tehdä jokaiselle osastolle henkilösijoituslistat kolmeksi viikoksi kerrallaan. Kun olin hyvää tekevinäni sattuikin joskus, että olin sijoittanut samalle osastolle henkilöt , jotka eivät tulleet keskenään toimeen. Myöhemmin alettiin työvuorolistat suunnitella kuudeksi viikoksi kerrallaan ja se helpotti suunnittelua. TYÖHÖNOTTO ja sijaishankinta sairaus-äitiyslomiin ym. kuului tehtäviini. Minun tuli hankkia sijaisreserviä entisten kokeneiden lisäksi. Se oli vasta-alkajalle haasteellinen tehtävä samoin kuin PEREHDYTYS. Minähän olin ollut perhehoitajana ja opiskelemassa n.13 vuotta, joten osastokokemukset oli varsin vähäiset. Virkaehtosopimuksen opettelu vei aikansa ja kun uusia ohjeita tuli osasin myöhemmin esittää niitä henkilökunnalle kalvojen avulla piirtoheittimellä. Talouspuolen toimistopäällikkö Antti Kotiaho oli hyvänä tukena ja opastajana samoin kuin toimistosihteeri Pirjo Raappana joka toimi oikeana kätenäni. Lopulta kaikki alkoi sujua hyvin. Olin 7 v. henkilöstöasiain ylihoitajana. Otin vierasryhmiä vastaan ja kerroin sairaalan toiminnasta. Henkilöstöasioiden ylihoitajana ollessani laadimme sairaalan henkilökuntaa varten kirjalliset perehdyttämisohjelmat koskien jokaista yksikköä. Tämä oli suuri edistysaskel henkilöstöasioissa. Perehdyttämisohjelmarunko sitoi kumpaakin osapuolta sekä perehdytettävää että perehdyttäjää. Perehdytys kuitattiin allekirjoituksilla omakohtaiseen perehdytysohjelmaan. Työryhmään kuului talouspuolelta toimistonhoitaja Hellin Raatikainen, ja minä keskusmielisairaalan vastuuhenkilöinä. B-sairaalan vastuuhenkilö oli ylihoitaja Elsa Savolainen ja avohoidosta ylihoitaja Hilkka Pöntinen. Sitten päätimme vaihtaa ylihoitajien kesken työalueita.

Aluevaihdossa sain osastoryhmän ammattitaitoisine osastonhoitajineen ja esimiehekseni ylilääkäri Mauri Eerolan. Hän oli oikea herrasmies, huumorimiehiä ja vahva tuki minulle työssäni. Osastojen henkillöstöhallinnon lisäksi tehtäväviini kuului koulutusasiat. Ylil. Eerola toimi koulutustyöryhmän puheenjohtajana ja minä valmistelin kokoukseen tulevat asiat. Aloitimme silloin mm pitkäaikaissairaanhoidon koulutukset, joita oli jo kaivattu. Koulutusta oli paljon. Minä hankin luennoitsijat, otin heidät vastaan, esittelin henkilökunnalle ja kiittelin lähtiessä. Kouluttajina toimi mm psykiatri Ben Fuhrman useaan kertaan, teol.tri Martti Lindqvist, filosofi Esa Saarinen, Tampereen Sopimusvuoresta kävi niinikään tasokkaita ja mielenkiintoisia kouluttajia. Järjestelin koulutuspaikalle tarvittavan materiaalin jne. Kerran sattui, kouluttajat, 2 henkilöä olivat vielä Helsingin lentoasemalla, josta soittivat, että tulevat paljon myöhästyneenä. Juhlasali oli täynnä odottajia. En sanonut heille tilannetta, vaan järjestin muina miehinä heille ohjelmaa. Hyvin meni ja kouluttajat ilmestyivät aikanaan paikalle. Toimin myös henkilökuntalehden Viikkotiedote vastaavana. Ts. minun tuli valita siihen tulevat kirjoitukset, joista loukkaavat kirjoitukset tuli karsia pois. Lehti toimi tiedotuslehtenä ilmestyen kerran viikossa.Kirjoitin siihen itsekin mm perehdyttämisohjelmarungon valmistumisesta ym. tiedotusasiaa.

Keväällä 1987 minut nimitettiin pohjoisen alueen ylihoitajaksi. Alueeseen kuuluivat seuraavat kunnat: Siilinjärvi, Maaninka, Pielavesi, Keitele, Lapinlahti, Varpaisjärvi, Sonkajärvi, Vieremä, Iisalmi, Rautavaara, Nilsiä, Juankoski, Kaavi ja Tuusniemi. Koko avohoidon ylilääkärinä oli Juha Jääskeläinen ja ylihoitajana Hilkka Pöntinen, jotka olivat avohoidon alullepanijoita. Tehtäväni oli hankkia uusille perustettaville mielenterveystoimistoille ja-neuvoloille tilat ja henkilökunta, kalustehankinnat ym. ym. Ei mikään vähäinen tehtävä! Otin yhteyksiä kuntien viranhaltijoihin ja terveyskeskusten ylilääkäreihin tilojen löytymiseksi ja henkilöstömääristä, joita lisättiin avohoitoon. Kaikki toivottivat mielenterveyshenkilöt tervetulleiksi, mutta tiloja heille ei terveyskeskuksista tahtonut löytyä. Ne oli hankittava muualta. Antti Kotiaho sopi suuremmista hankkeista esitysteni pohjalta ja allekirjoitti vuokrasopimukset. Mm Nilsiään ja Kaaville valmistuivat uudet tilat mielenterveystoimistoille, joissa vietettiin juhlalliset avajaiset. Vastaavat hoitajat Raili

Lamminjoki ja Mirja Räsänen olivat kumpikin toimistonsa ava-jaisjärjestelyissä suurena apuna. Tilojen suunnittelussa oli tär-keää olla henkilökuntaa mukana, että välttämättömät työturval-lisuuteen liittyvät asiat tuli huomioitua. Hälytysjärjestelmät teki mm Harjamäen sähköasentaja Timo Säisä. Työhuoneeni sijaitsi Siilinjärven mielenterveystoimiston välittömässä läheisyydes-sä, josta käsin hoidin avohoidon asioita. Samaan aikaan sinne muuttivat toimistosihteeri Raija Kähkönen (oikea käteni), ja ylilääkäri Hannu Mononen. Hän oli varsinainen tietokone asi-antuntija. Hän sai minutkin hankkimaan oman tietokoneen. Vähitellen tulin tutuksi sen kanssa ja kirjoittelin raportit sillä kotonani ja tulostin ne. Myöhemmin tulivat tietokoneet ylihoi-tajillekin. Mielenterveystoimistoissa pidimme kerran kuukau-dessa kokoukset, johon alueen neuvoloiden hoitajat ja lääkäri osallistuivat. Minä toimin sihteerinä. Pidimme yhteyksiä tär-keisiin sidosryhmiimme, kuntiin ja terveyskeskuksiin. Avohoi-toon perustettiin kuntoutuskoteja ja asuntoloita. Myös suoja-työpaikkoja oli psykiatrisille potilaille.

Vähitellen kun tilat oli saatu ja psykiatriset sairaanhoitajat oli-vat päässeet hyvään alkuun heräsi terveyskeskuksissa halu ot-taa psykiatriset sairaanhoitajat omaksi toiminnaksi. Hyvä niin.

Vuonna 1990 oli fuusioiduttu KYKSIN psykiatrian klinikkaan. Se tiesi kasvukipuja. Harjamäen sairaalan toiminnoista yksi toisensa jälkeen lakkautettiin ja siirrettiin viranhaltijoineen Pui-jon saraalaan.

Pohjois-Savon psykiatria oli jaettu viiteen väestövastuulliseen aluekeskukseen. Tavoitteena viedä palvelut lähelle käyttäjiä.

Minulle kuului nyt Keskialueen avohoito (Siilinjärvi, Maaninka, Pielavesi, Keitele, Nilsiä, Rautavaara, Juankoski, Kaavi ja Tuusniemi) sekä ylilääkäri Mauri Eerolan osastot. Minulle kuului edelleen tämän alueen henkilöstöasiat ts. työhönotto, sijaishankinta, tila-asiat, koulutus, perehdytys ym. Näihin viimeisimpiin vuosiin kuului henkilöstön uudelleen sijoitus ja lakkautetun Kevättömän sairaalan henkilökunta .Kysin ohje oli, että ketään ei irtisanota. Se oli hyvä raami! Mietin kuumeisesti miten toimia, kun omilla osastoillakin oli uudelleen sijoitustarpeita. Tulin usein viikonloppuisin töihin, että saisin keskustella kahdenkesken hoitajien kanssa kenellä olisi mahdollisuus siirtyä Kuopioon, Suonenjoelle,Varkauteen tai Kysiin töihin. Uuteen työympäristöön ja työhön siirtyminen oli pelottavaa. Oli mielenkiintoista neuvotella näistä asioista. Ihmeen hyvin se lopulta onnistui ja olin heille hyvin kiitollinen. Olin tehnyt laskelmia, montako hoitajaa tarvitaan itse kullekin osastolle varahenkilöstöön, jos henkilökunta pitäisi vuosilomat tammikuusta alkaen ja pitäisi kesällä vain kolme viikkoa lomaa. Sairauslomillekaan ei tulisi sijaisia. Neuvottelin näistä suunnitelmista pääluottamusmiesten ja työsuojeluvaltuutetun kanssa ensin. Kutsuin johtoryhmän myös Kysin johtavan ylhoitajan ja osastonhoitajat neuvotteluun. Kaikki hyväksyivät suunnitelman Kevättömän sairaalan koulutetut hoitajat sijoitettiin 3 jokaiselle osastolle (muistaakseni 4 osastoa). Sijaisilta loppuivat työt valitettavasti. Minulla oli vuosien myötä syntynyt hyvät suhteet luottamusmiehiin. Tiedotin heille aina tulevista muutoksista, jotta he pysyivät ajan tasalla. Tämä oli aika suuri, mutta mielenkiintoinen urakka.

Ylilääkäri Eerolalta olin aina saanut tukea ja kannustusta. Sitten tapahtui ikävää. Hän sairastui vakavasti ja näin hänet viimeisen kerran hakiessaan tavaroita hänen kansliastaan. Kun kuulin ,ettei hänellä enää ole paljon elinaikaa kapsahdin hänen kaulaansa ja pyysin itkien anteeksi kaikki pahat tekoni. Hän hyrähti nauramaan ja sanoi, ettei mitään sellaista ollut.

Ylilääkäri Eerola siunattin hiljaisuudessa 11.9.1993. Hän kävi sinä aamuna viimeisillä hyvästeillä ruumisautossa kynttiläkujaa pitkin rak. S1:n edessä. Entistä ja nykyistä henkilökuntaa oli sankoin joukoin. Vietimme kynttilät kädessä 2 minuutin hiljaisen hetken.

Pidimme jälkikäteen Harjamäen sairaalan ruokasalissa kauniin muistotilaisuuden. Arvostettua ylilääkäriämme muistamme aina kiitollisuudella ja kunnioituksella.

Vuonna 1995 jäin itse yksilölliselle varhaiseläkkeelle. Muistan loppuikäni omat läksiäiseni. Erikoisesti kiitän henkilökuntaani erinomaisen hyvästä yhteistyöstä ja mieliinpainuvista läksiäisjärjestelyistä traktorin peräkärrykyyteineen ja lauluineen.

Salme Räsänen  Palvelukeskus Akuliinassa 26.10.2015